河川的归属

人与环境的民俗学

人文东亚研究丛书

[日] 菅丰 著

郭海红 译

HECHUAN DE GUISHU

中西书局

《人文东亚研究丛书》
编辑委员会

《人文东亚研究丛书》
总　序

　　本丛书既以"人文东亚研究"命名，就有必要首先阐明我们对"人文东亚"的理解和把握。

　　关于"人文"的理解，我们接受学术界对这一概念的界定，因此不展开讨论。以下稍微展开一下我们对"东亚"概念的把握。关于"东亚"概念，学术界有地理概念（广义和狭义）和文化概念之分，而无论是地理意义上的东亚，还是文化意义上的东亚，在近代以前，可以说基本上都是指以中国为中心的中华文明及其所辐射的周边区域。这种意义上的"东亚"，呈现出文化的同源性与一体性的特征。近代以来的东亚，由于西方文化的冲击以及战争等原因，则主要呈现出差异性和多元性的特征。并且由于种种原因，也曾有"隔阂的东亚"的说法。

　　其实，从语源学的角度来考察，"东亚"一词最早起源于日本近代学术界，它是从欧洲人文学科的视角出发而被发现的一个概念，"所谓'东亚'，指包括作为文明起源的中国，以及与中国构成同一个文明圈的朝鲜、日本等地域，可以称之为中华文明圈"。而作为文化上区域概念的"东亚"，"乃是一个在以中国为中心的文明圈里，通过从中国以外的国家、地区来观照此文明的新型学术视角而构筑的文明论或文化史概念。这里所谓'新型学术视角'，即成立于欧洲而日本最先接受过来的历史学和考古学，以及文献学、文化史学、宗教史学、艺术史学等。这样，在 20 世纪的早期已经获得这些学术视角的近代日本，率先建立了

1

文明论或者文化史上的'东亚'概念"。[1] 不过，直到第二次世界大战结束，被近代日本学术界所建构的"东亚"概念，不仅仅是一个文化历史概念，它同时还是一个"历史的政治性概念，而绝非单纯的地理概念"[2]。也就是说，追根溯源的话，我们今天所使用的"东亚"概念，是一个被近代日本学术界所建构，并逐渐带有特殊时代背景及意识形态色彩的概念。

20世纪80年代末，随着"冷战"结束，在重建世界新秩序的过程中，围绕着自身的定位问题，日本学术界开始将"亚洲"或"东亚"作为重要问题加以重构；而在20世纪90年代的韩国学术界（知识界）也兴起了"东亚论"，试图超越国家层面来思考地域之间的实际情况，具有了"何为东亚"的问题意识。这些思潮中有关"东亚"的理解，越来越具有一种去意识形态化的趋势，并作为一个区域文化的概念被使用。因此，学术界也有"文化东亚"的说法，我们觉得"文化东亚"是一种对既有状态的描述，尚缺乏把"东亚"作为一种方法的视角。而"人文东亚"则是在承认"文化东亚"的基础上，运用人文的方法对"文化东亚"进行研究和探索，以期在对既有状态进行描述的前提下，对理想状态进行一种尝试性的建构。这是我们将本丛书命名为"人文东亚研究"的初衷。本丛书由"翻译"和"研究"两个系列组成。即将推出的是"翻译"部分，待时机成熟再推出"研究"系列。

诚如学术界的通常理解，"文化东亚"主要指中国、朝鲜、韩国、日本、越南，其中以中日韩为主体。作为文化上的"东亚"，在古代以儒释道及巫俗思想来认识和理解世界、社会与人的生活。而进入近代以来，面对西学的冲击，在如何实现传统向现代的转换过程中，东亚各国所选择的道路大相径庭。究其原因，当然有境遇的不同使然，但文化上或思维上的不同，应该是最为根本的。因此，为了真正把握东亚看似相

---

[1] 参阅 [日] 子安宣邦著，赵京华译《近代日本的亚洲观》，生活·读书·新知三联书店，2019年，第122页。

[2] [日] 子安宣邦著，赵京华译《近代日本的亚洲观》，第56页。

同的文化背后更为本质的区别，我们试图打破文史哲的学科界限，在大人文的视野下来思考东亚世界。

"人文东亚研究"丛书，旨在从哲学、宗教、历史、文学、民俗等多个角度来认识东亚世界，推动对东亚的跨学科式研究，展现学界的最新研究成果或有特点的研究成果。这既是与早期日本学术界有关"东亚"研究在方法上保持了一定的连续性关系，更是在当代学术语境下对带有特殊历史性色彩的"东亚"研究的超越。更希望能够发挥人文东亚的精神，为实现东亚的共同理想做出我们的努力。

出于组织翻译本丛书的具体语境和目的，"人文东亚研究丛书·翻译系列"主要选译的是日本、韩国学界的名作或两国著名学者的代表作，还有欧美学者有关日韩研究的力作，目的在于加深对中国两个最重要邻居的进一步理解。这也与当前我国大力发展区域与国别研究的目的一脉相承。从选译范围来看，主要是对日韩两国及对东亚的整体性研究，其内容大体上涉及日韩两国的佛教研究、儒学研究，日本的神道研究、哲学研究等思想；还涉及日本与韩国的社会学、民俗学、考古学等相关研究内容。另外，以"他者"视角，关注欧美学者眼中的"日本学"等研究成果也是本丛书的一大特色。"人文东亚研究"丛书，既传承经典，又激励创新，更希望推出多学科相互交叉的综合性研究成果。希望本丛书能为学界带来一抹新绿，也能为大家的学术研究提供一定的支持和帮助，更希望得到学界同仁的支持与厚爱。

组织出版本丛书的另一个缘由是，山东大学的东方哲学研究（尤其是日本哲学研究）素有传统。20世纪80年代，山东大学哲学系就成立了东方哲学教研室，是国内为数不多的东方哲学教研室之一。同时，山东大学还成立了国内较早的日本研究中心，其后，又成立了韩国研究中心。改革开放四十年来我国所取得的经济社会发展成就，以及随着全球化时代到来而产生的各种挑战，使以中国、日本、韩国等国家为核心的东亚地区的重要性日益提升。另一方面，改革开放以来，国内哲学、宗教、社会文化方面的研究越来越重视欧美地区、重视"西方"的研究成果，而在国际上具有重要影响力的东亚区域的研究还未得到应有的重视，相关研究成果的译介也需要进一步加强。

有鉴于此，山东大学哲学与社会发展学院刘森林院长，着力倡导在发挥山东大学传统优势学科引领作用的前提下，致力于发展以哲学与宗教文化为中心、跨学科、以东亚整体为对象的东亚研究，力争通过五到十年的努力，恢复山东大学在日本、韩国的哲学、宗教文化研究方面的传统优势地位，并希望通过对以中国、日本、韩国为主的东亚作跨学科的整体性研究，提升山东大学哲学与宗教等相关学科的国际国内知名度，为学科建设和人才培养作出重要贡献，取得更大成就。因此，"人文东亚研究"丛书，既是对山东大学学术传统的继承，也是在新形势下对这种学术传统的进一步发扬，是历史与现实的一种有机结合。

之所以出版本丛书，除了时代的需求和学术传统的机缘外，还要特别感谢我校哲学系 80 级校友、湖北贤良汽车投资有限公司董事长胡为胜先生的慷慨捐助，是胡为胜校友的善举，才使这一研究计划得以最终实现。

"人文东亚研究"编委会
牛建科代笔
2020 年 10 月

目　录

中文版序言

菅　丰

本书中提到的"共有资源"（commons）作为一个专业术语，或许只是表示共同管理、利用的资源以及相关的管理制度这样单纯的含义。然而，尽管它的含义十分单纯，但它却是解读现代社会中存在的诸多现象之重要且有效的关键词。

西方现代"自由主义"国家制度下，伴随着"新自由主义"的提倡，政府一方面不断缩减公共服务，一方面以政治对经济和社会自律性的不介入理念为冠冕堂皇的说辞，煽动个人基于市场原则之上开展合理性思维竞争行为。其结果，在政府的有力后盾下，个人用力过猛，造成的过度竞争带来了人与人之间胜利者与失败者的界限划分以及存在于其中的不可逆性差序格局。最终导致社会分崩离析，日常生活中的不稳定性增加。

面对"新自由主义"的"跃进式"政治动向以及新古典派的"跃进式"经济结构，质疑与反思的呼声也日益高涨。美国政治学家而非经济学家埃莉诺·奥斯特罗姆（Elinor Ostrom）凭借她对公共资源[1]（共有资源）持久且具引领性的研究成果荣获了 2009 年诺贝尔经济学奖，我

---

[1]　参照［美］埃莉诺·奥斯特罗姆著，余逊达、陈旭东译《公共事物的治理之道》，上海三联书店，2000 年。该书作为"制度分析与公共政策译丛"之一，主要基于行政学、政治学、管理学学科，关注人类社会公共事务治理的结构安排，强调制度的作用，旨在为公共政策的制度制定与公共事务的治理服务。菅丰《河川的归属》是针对奥斯特罗姆关于小规模公共池塘资源问题在民俗学学科以鲑鱼河川资源为例的研究中的有效借鉴。基于政治经济学与民俗学学科的独立性思考与学科属性的不同，尽管在奥斯特罗姆的研究中英文译者使用了公共池塘资源、公共事物、公共企业的表述，但在菅丰的研究中译者还是有意识地选择以共有资源、共有性的译词予以表述。特此说明。译者注。

们也可以认为是上述反思的某种体现。如今，介于政府与个人之间的"公共性"即公共资源（共有资源）的世界的重要性重新受到追问，其蕴含的诸多可能性也越来越受到关注。现代社会下存在许多仅仅依靠政府和个人无法解决的问题，因此需要我们更多地借助公共资源（共有资源）这一古老而又崭新的社会技法。

公共资源（共有资源），表达的是"人类群体共享的资源"[1]这样极为普遍又抽象且广泛的含义。但是，追溯其源起则是发生在中世纪的英格兰与威尔士，表示"多数人依据惯习共同利用的资源及其制度"。中世纪的英格兰与威尔士，农民们基于贵族领主的庄园制形态之上，依据惯习共同利用资源。例如，对牧场、牧场上生长的牧草、泥炭、木材、鱼等生活必需品的共同利用。公共资源（共有资源）的表述以及其代表的资源管理形态，在 50 年前的 20 世纪中叶的资源论框架下，代表的是一种否定的含义。这是因为资源的共同利用，即被等同于滥用资源导致资源的毁灭。

本书一开始也已经提到，该用语受到世界规模的关注，源自美国生物学家加勒特·哈丁（Garrett Hardin）提出的给地球带来毁灭性打击的悲剧—崩塌情节。哈丁于 1968 年在 Science 期刊发表了名为《公地悲剧》[2]的学术论文，提出了优先考虑地球环境的整体利益，而对个人权利及行动自由加以限制的宏观环境论主张。他以 19 世纪数学家威廉·劳埃德（William F. Lloyd）的模型为例，论证了在公共管理系统里，如果以尊重个人的合理意志自由为前提的话，这一系统下被管理和利用的环境将遭遇毁灭。

为了让大家更好地理解"公地悲剧"的逻辑关系，事先我会对作为其依据的劳埃德的数学模型作一简单说明。

首先，让我们想象一个共同使用的圈地式牧场。那里 A、B、C 等

---

[1] Hess, Charlotte and Elinor Ostrom, *Understanding Knowledge as a Commons: From Theory to Practice*, Cambridge, USA: The MIT Press, 2007, p.4.

[2] Garrett Hardin, "The Tragedy of the Commons", *Science* 162, 1968, pp.1243–1248.

众多牧民共同使用牧场，放牧羊群，喂食牧草。牧场与牧草为牧民们"大家所有"，即我们所谓的公共资源（共有资源）。因为属于"大家所有"，所以这里的牧场和牧草可以供牧民们自由使用。

假设某一天，牧民 A 突然产生了这样的想法。

"如果我增加自己羊群的数量，那我的收益会产生什么样的变化呢？"

答案很简单，收益增加。羊群数量增加，从羊身上获得的价值，例如肉、皮、羊奶、羊毛必然增加，牧民 A 的收益也增加。考虑到可以增加收益，牧民 A 就会为了增加收益而增加放牧的羊群数量。牧场为每个人开放，是可以自由、共同使用的场所，因而没有人能够阻挡他人增加放牧羊群的数量。一般说来，为了追求经济的合理性以及收益的最大化，增加羊群数量是最为自然不过的事情。牧民 A 的想法，基于当下经济角度的思考，是完全没问题的。

牧民 A 相信会增加收益，于是基于理性思考，会增加公共牧场上的放牧数量，试想他如果一直无限制地增加下去的话，会发生什么？牧民 A 的收益持续增加，到达一定节点，羊群数量的增加最终导致牧草被大量消耗殆尽。再继续下去，羊会变得羸弱。只是有一点不同，那就是牧民 A 增加了羊群的数量，而羸弱的羊群并不只有牧民 A 家的，还有同样在牧场放牧的牧民 B、牧民 C 等家的羊。换句话说，收益由牧民 A 独享，损失则由大家共担。

面对这样的情形，牧民 B 和牧民 C 会有什么样的反应呢？置之不理的话，自己的利益受到损害，因而不能袖手旁观，必须想办法也提高自己的收益。由此，他们也要增加羊群数量。认为羊群的数量增加了，收益也同样增加。

然而，采取这样的战略，后果会是怎样的呢？圈地式的牧场上生长的牧草数量有限，无法匹配无限增加的羊群。而另一方面牧民们却在毫无节制地扩张羊群规模，牧草被消耗殆尽、牧场一片荒芜，这是必然的结果。没有了牧草，羊群最终是全体饿死。这样一来，所有的牧民包括牧民 A 在内都失去了维持生计的来源，生活难以维系。这便是"公地悲剧"。

这个模型的核心之处在于牧民 B、牧民 C 以及所有的牧民都会像牧民 A 那样，必然去追求自我利益最大化的作用力。假设牧民 B 基于良知，认识到增加羊群会导致牧草减少而带来牧场的毁灭，那么他一定会产生犹豫。但是如果遵循良知，自觉地放弃牧羊数量的增加，那必然产生的损失会最先落到自己头上。自己增加牧羊数量，确实羊儿们会越来越瘦，但是增加部分的羊的收益却是归自己所有。而如果自己不去增加，其他牧民都不断去增加，自己的收益明显地只会减少。在这样的情形下，即使牧民 B 内心不乐意，他也还是要加入增加羊群数量的竞争中。辩证地说，这个模型中重要的一点是要有管理机制，以对资源利用中像牧民 A 那样利己性、反社会性的行为进行约束。

哈丁是想将这个"大家所有"的牧场（公共资源、共有资源）与地球环境问题进行类比，由于牧民们都是出于经济性和合理性思考，如果没有任何限制要素，他们必然会为所欲为，为了追求自我利益而增加放牧数量，其结果就是过度放牧导致牧场的毁灭。借助此模型，哈丁希望推出针对资源公共性的国家统一管理或是完全的私有性管理。哈丁对公共资源（共有资源）持批判性看法。哈丁这一"公地悲剧"的剧情展开，对后来世界各国的资源管理计划与政府决策都带来了巨大影响。

但是，哈丁的这一悲剧情节，并不是对公共资源（共有资源）现实的正确解读。在哈丁看来，这个英格兰的依据惯习利用土地的公共资源（共有资源）是开放式利用（open access）空间，是任何人都可以随意利用的空间。然而现实中，公共资源（共有资源）并不是任何人都可以随意利用的空间。经济学家唐纳德·麦科洛斯基（Donald N. McCloskey，现在改名为 Deirdre McCloskey）就反驳道，中世纪英格兰与威尔士的公共资源（共有资源），存在着被称为"配额"（stint）的传统性放牧限制的规定，从而推翻了哈丁所谓悲剧情节的立论。[1]也就是

［1］ McCloskey, Donald N., "The Persistence of English Common Fields", in: W. N. Parker and E. L. Jones (eds.), *European Peasants and Their Markets: Essays in Agrarian Economic History*, Princeton: Princeton University Press, 1975, pp.73-119.

说，"公地悲剧"所依据的开放利用的资源状况，与现实中地方性的资源实态存在偏差。英格兰与威尔士真实存在的公共资源（共有资源），也是在一定程度上完成了对资源的量的把控的。

20 世纪 80 年代以来，类似上述公共资源（共有资源）的、由世界各国共同管理下的资源，现在也称之为公共资源（共有资源），在人类学科等的细致调研下，已经发现了众多事例，即并非作为开放利用而是处于共同体的适度管理下。通过对地域社会围绕公共资源（共有资源）的实证性研究，揭示了这样的管理模式对于生活层面的安全保障（livelihood security）、对资源的平等性利用以及纠纷的解决（access equity and conflict resolution）、生产方式的延续（mode of production）、资源保护（resource conservation）以及生态学意义上的可持续性发展（ecological sustainability）等多方面做出的贡献。[1]

当下，占据主流的观点认为公共资源（共有资源）在一定条件下会导致毁灭，但在不同条件下会为环境的可持续性利用贡献力量。在这种情形下，公共资源（共有资源）的研究得以从单纯的资源管理论发展为面向社会系统论整体的跨学科式研究。

公共资源（共有资源）理论发展过程中，众多的相关领域学者将对公共资源（共有资源）的研究比喻为对果蝇的研究。众所周知，果蝇的研究为近代生物学领域带来了长足的发展。长达一个世纪的果蝇研究，在其起步初期，主要作为遗传学的素材，发展至今为发生生物学的模型以及分子生物学的素材提供了创新性的知识输出。甚至说有许多动物发生学领域的重大发现，也是借助果蝇的研究最先得以阐明的。可以说，果蝇的研究孕育产生了数量众多堪比诺贝尔奖的优秀研究成果。果蝇的研究不是为了理解果蝇进行的研究，而是借助果蝇去探明更广阔的抽象性自然规律的研究。

---

[1] Berkes, Fikret ed., *Commons Property Resources: Ecology and Community-Based Sustainable Development*, London: Belhaver Press, 1989, pp.11-13.

公共资源（共有资源）的研究也被认为是在社会科学领域下，发挥了等同于果蝇作用力的研究。也就是说，公共资源（共有资源）的研究，不仅仅是"面对"公共资源（共有资源）的研究，而是"借助"公共资源（共有资源）解析社会诸多现象的研究。它为明晰社会科学中多种多样的中心课题，寻找解决问题的关键，提供了观念性"实验台"和重要的思路。因此，欧美的公共资源（共有资源）研究，吸引了除人类学、社会学以外，包括经济学、数学、统计学、心理学、游戏理论等多彩的学科领域在内。[1]

本书细致分析了日本一个地方社会历史上形成的共有资源的实态，同样其目的也不单单是为了事无巨细地理解日本共有资源的存在本体，而是希望以这样的共有资源为"实验台"，去理解现代社会的公共性课题，收获解决环境破坏问题的启示，以挑战其背后更庞大的课题。

中国也同样开始了公共资源（共有资源）的研究，这样的研究必将对巧妙理解社会现实问题、提出有效性解决建议起到帮助。当这样的研究自足于世界性视野之上时，衷心地希望本书能够成为一个比较的讨论案例以供参照。

参考文献：

Berkes, Fikret ed. 1989 *Common Property Resources: Ecology and Community-Based Sustainable Development*, London: Belhaven Press.

Hess, Charlotte and Elinor Ostrom 2007 *Understanding Knowledge as a Commons: From Theory to Practice*, Cambridge, USA: The MIT Press.

McCloskey, Donald N. 1975 "The Persistence of English Common Fields", in: W. N. Parker and E. L. Jones (eds.), *European Peasants and Their Markets: Essays in Agrarian Economic History*, Princeton: Princeton University Press, 73-119.

Thomas Dietz et al. eds. 2001 *The Drama of the Commons*, Washington, D.C.: National Academy Press.

---

[1] Thomas Dietz et al. eds., *The Drama of the Commons*, Washington, D.C.: National Academy Press, 2001, pp.5-6.

共有资源视角下的环境民俗学研究：
《河川的归属——人与环境的民俗学》导读

郭海红

《河川的归属——人与环境的民俗学》2006年由日本吉川弘文馆出版发行。作者菅丰，日本东京大学大学院信息学环·跨学科信息学府教授、东京大学东洋文化研究所教授、环境民俗学研究代表学者。本书是其关于共有资源（commons）视角下环境民俗学研究的代表性著述。我与菅丰教授通过文字神交已久，但真正结识还是2012年在山东大学，时值他正为民俗学研究所师生进行为期一周的集中授课。之后，他又曾多次到访山东，或者参加民俗学研究所举办的各种学术会议，或者进入村庄参与田野调查，一来二往我们的交往也就密切起来。

一、其人与其书

菅丰（1963—　），出生于日本长崎县长崎市，精通英语、熟悉汉语。其研究特点是视野广阔，学术交往活跃，研究活动多样。2002年7月—2003年9月期间他在美国哈佛大学担任访问学者，2001、2006、2014年分别在中央民族大学、复旦大学担任客座教授、特邀研究员以及访问学者，2012年受聘山东大学文化遗产研究院流动岗教授。其研究主要集中在以下三个方面：人与动物的关系史研究；地域资源管理实态的考察；从跨文化角度对以中国和日本为中心的东亚的调查研究。本书是作者第二个研究领域的集大成之作，具体表现为"共有资源"视角下的环境民俗学研究。

菅丰有数量众多的论文被中国学术期刊翻译转载，此外还有相关访谈录与研究的推介。例如《民俗研究》2017 年第 3 期刊登的《日本民俗学"在野之学"的新定义——菅丰"新在野之学"的倡导与实践》《公共民俗学与新在野之学及日本民俗学者的中国研究——东京大学东洋文化研究所菅丰教授访谈录》两篇学术论文；中国民俗学会官方网站在 2014 年 3 月 17 日推送了菅丰《日本现代民俗学的"第三条路"》译介文章；《民间文化论坛》期刊自 2017 年第 4 期到 2018 年第 4 期对福田亚细男、菅丰、塚原伸治著《超越"20 世纪民俗学"：我们从与福田亚细男的讨论中学习什么？》进行了日文版全书的译文连载，并且其相关内容也在中国民俗学会网站上分主题进行了多次推送；2008 年第 4 期《文化遗产》刊登了菅丰《城市化、现代化所带来的都市民俗文化的扩大与发展》译文；2019 年 2 月由菅丰主讲的《文化空间的解剖学——古镇文化复杂化的推动力》共 7 集视频内容也已经上传到哔哩哔哩网站的演讲公开课，相似内容不再一一列举。菅丰研究成果丰硕，其学术影响范围之大我们可见一斑，他对当下社会问题的深切关注和中日比较视野下的民俗学研究都必将会产生深远的社会性影响。

本书中，作者以日本新潟县山北町大川乡为田野点，对其境内管辖的一条名为大川的河川进行了长达 20 多年的调查。大川至今仍保留着鲑鱼捕捞的传统，当地民众把大川亲切地称为"鲑川"。作者以田野作业与文献史料为依托，围绕鲑川这一共有资源的开发、利用、管理、维护及其组织体系的核心内容，对大川至今仍在进行的传统方式下的鲑鱼捕捞活动进行了历史溯源与民俗志的深描，还原了自古至今大川鲑鱼捕捞活动的演变与发展。

2007 年日本民俗学会期刊《日本民俗学》第 249 期刊登了出口晶子[1]教授为本书撰写的书评。出口晶子提道，她曾经在自己的课堂上多

---

[1]　出口晶子，甲南大学历史文化专业教授，文学博士，研究方向为民俗学、地理学。

次提及菅丰的观点，那是因为菅丰的理论十分适用于鼓舞年轻学子。出口首先对菅丰持久的田野调查给予了高度评价。继而对于本书开头部分提到的东京市民非法乱占河岸用地的报道，出口认为这种切入方式很好地体现了市民高度关注的河川利用与环境等当下热点问题，戳中了市民的痛点。最后出口晶子解释道，菅丰的论述向我们展示了具有鲑鱼洄游资源的大川，指出它必然受到来自近代国家规范、价值创造以及公益思想的渗透，共有资源体系下的大川活力四射，其既是我们了解社会风潮变动的风向标，亦是一个小地域范围下近代国家威信与思想的显现。

二、环境民俗学思想与共有资源的视角

环境民俗学的研究对象以自然环境为主，尤其是指自然环境中受到人类以某种方式干预的部分。该领域的出现与作为社会问题的环境问题、现代生活方式下人们自然意识的式微等有着密切关系，同时也是对仅仅从技术论和物质论角度阐释生产、生活民俗进行批判的产物。环境民俗学研究可以从民众的生存智慧与地方性知识、资源的管理体系、环境中的信仰要素、作为生活乐趣的意识追求等多种角度入手。以上内容在本书的论述中分别有细致与全面的体现。

具体来说，《河川的归属》是理解共有资源视角下环境民俗学思想的代表性学术成果。贯穿整本书的核心词汇与主线即为以鲑川为代表的共有资源体系。或者我们可以将鲑鱼捕捞活动视为刘铁梁教授提倡下的标志性文化进行理解，那么本书便是对标志性文化统领下的大川乡的民俗志书写。

大川乡分布在二级河川大川的下游，是由 13 个聚落组成的山乡。对大川乡的人们来说，他们最具代表性的河川利用活动就是鲑鱼捕捞，这也是长期以来人们赖以生存的劳作模式。每逢秋冬季节，鲑鱼按照其生态习性从大海返回大川，然后从河口部溯游而上到达上游产卵。大川

是民众共同拥有、管理并利用的资源，丰富的鲑鱼资源为大川沿岸的聚落带来了共同的经济利益，这也更加凸显了大川作为共有资源的特点。同时，由于鲑鱼洄游的总量一定，也就导致了上下游沿岸渔民之间长期存在的各个层面上的竞争。

共有资源下河川被每个聚落划分为捕鱼片区，每年渔民们都会在自己的聚落内部进一步划分出属于个人的承包区。渔民们使用固簖、简易固簖和诱饵等方法捕捞鲑鱼。在大川，有经验的鲑鱼渔民们，熟练地运用丰富的生态知识和身体性技能进行鲑鱼捕捞。但这些知识与技能的运用并非是随意的、漫不经心的，它受制于大川乡民众制定的社会制度。捕鱼片区与承包区的分配也都是通过聚落之间的交涉、投标或者依据惯习调整和实施，集中体现了共有资源的分配、利用与管理等诸多问题。在共有资源体系下，民众、聚落、国家之间形成了交织复杂的关系，也随之诞生了调节"公""共""私"不同维度下的规约惯习、管理机构与组织体系以及不同时代下它们的历史演变。

三、核心观点的呈现

本书考察的时间跨度从 18 世纪初的日本近世到 20 世纪末，考察的对象包括规约制度、技术民俗、经济民俗等内容，其中第二次世界大战结束至 20 世纪 80 年代期间，大川的传统尚且特色鲜明、保留完好，因此对社会体系的考察主要集中在这一时段。

作者的主要观点即为共有资源的概念。环境学、经济学的交叉研究中普遍使用共享资源的表述。共享资源（Common Resources）是指可供具有一定能力且有兴趣的单位及个人共同使用和消费的资源，例如集体产权下的森林资源，社区产权下的草场资源。《河川的归属》在共享资源的基础上，通过更进一步强调所有权以及资源认知下人与人、人与社会、人与自然的相处模式，推出了共有资源（common property resource）、共同资源（common-pool resources）的核心词汇，旨在从民俗学与历史学的人文科学角度对共享资源进行解读。

作者将"共有资源"定位于不同于国家与政府代表的"公"与个人代表的"私"的第三维度下的存在，旨在突出村落社会语境下，共有资源所具有的"共"的核心所在。书中，作者将共有性资源分为两类，一类是指从根本上支撑人们生活的生活资料资源，另一类是指同生产有着密切联系的生产资料资源。茅草、竹子、薪炭等日常生活的材料属于前者。同时，如果从饮用水这一层面看，水属于基本的人类需求的生活资料，但如果从农业用水的层面看，其也属于生产资料。作者解释指出，这样的共有性资源，对共享生活空间的人们而言，因其是维系生活不可或缺的存在，所以一直以来尽量避免对其私有化，而是由几个人或大部分人所共同所有或是虽不被所有但被允许共同利用。人们共同使用共有资源，为此织就了浓密的人际关系，确立了规则、组织等一系列的体系。

作者的第二个观点即为共有资源一定会受到其周围自然状况、社会状况、政治状况、经济状况的强有力影响，其自身充满活力。近世日本，共有资源的管理利用制度作为一种规范，对实现平衡机制起到了重要作用。它是维护民众生活的保障体制，是为了克服人性自身固有的私利私欲、自以为是带来的困难，寻求协调合作而不得已确立的体制，服务于经济活动与权益分配；明治以来的近代，伴随着国家政治确立的"公益"理念的强化，资源保护的使命被附加到共有资源的体制之上。大川乡的民众一方面接受政府自上而下灌输的"公益""资源保护"等外来概念，同时会采取各种措施以有利于共同体福利的"共（同利）益"思想为优先，因此近代的共有资源依旧以追求"共益"为核心，是存在于近代与前近代磨合过程中的纠结的实体；进入到现代，以往以经济利益为驱动力的共有资源发生了改变，从 20 世纪 80 年代初开始，更多的村民是在大川沿岸的捕鱼活动中感受一种"乐趣"，以鲑鱼为契机建立起人与人之间更为亲密的交往关系。可以说，在利用、管理和维护作为共有资源的鲑川的过程中，人、共同体、国家、自然之间形成了多样复杂的关联，并且随着时代的变化而改变，其最终目的在于实现共有资源的持续性发展与制约性平衡。

四、理论创新与价值所在

作者通过对共有资源体系细致、微观的分析，明晰了"人们为了'共同'生活下去都做了哪些努力；社会如何掌控个人的利己与反社会冲动；何种的社会规范与惯习规约可以延续下来"的答案，从结论上为理解现代社会中的公共性和解决环境破坏问题提供了启示。

书中具体的理论创新表现在以下两个层面。

其一，研究视角上的创新。正如上文中提到的，普遍意义上共享资源的研究多被纳入经济学学科下的环境问题部分，而作为民俗学与历史学者则鲜有涉足。本书作者菅丰作为日本环境民俗学领域的代表学者，从人文科学角度对共享资源做了进一步阐释与发展，率先将共有资源概念体系引入村落社会与民众的生活世界，以此为抓手，从历时与共时亦即时间与空间的维度对日本新潟县大川乡地域社会生产与生活的变迁、制度体系与实态进行了深描与诠释，呈现了共有资源视角下崭新的民俗志书写。这种独特的研究视角与跨学科的理论借鉴充分体现了本书的理论创新。

其二，研究结论上的创新。菅丰一方面借用并发展了经济学与环境学关于"共享资源"的交叉研究概念，同时从人文科学的角度入手，论证了"大川的共有资源体系得以维系，并非是得益于保护大川的自然之环境保护的理念，反而是大家希望尽可能多地捕获到作为共有资源的鲑鱼这样一种以实际利用目的为前提的自然保护"的逻辑。大川资源环境受到保护只是一种或然，以大川为例，菅丰指出"我们要做的不是宣扬共有资源对环境可持续发展的贡献"，而是应该看到"大川对维系人与人之间关系的可持续性做出的贡献，其次才是带来了环境保护的副产品"。这一研究结论充分体现了菅丰基于解构的视角对共有资源体系下人与环境、人与人之间的意义之网的创新性解读。共有资源是环境、资源保护的体系,更是民众生活的保障体系。菅丰以民俗学视角对"共享资源"的别样解读具有很高程度上的理论创新,同时这种解构的开放性必将对下一步民俗学、环境学、经济学的相关领域研究带来理论创新的可能。

此外,前面也曾提到,菅丰是一位中国学者熟知度较高的日本教授。尽管如此,对于他系统性论述共有资源的论述却很少有人有所了解,而这作为菅丰出色的研究成果,更应该给予相应的关注。本书的学术价值主要体现为其作为环境民俗学研究的重要组成部分的价值,以及为数不多的对共有资源理论与实践做到了有效驾驭的层面。20世纪90年代开始,环境民俗学研究在日本崭露头角,其特点在于既关注环境的主体性,同时也关注以环境为媒介的人与人之间的相互关系。以往对自然、环境、生态的研究是割裂的,仅仅把自然视为客体的存在,在此之后的研究则是基于"人与自然之间发生关系"的明确目的之下,把自然作为一个整体概念展开。菅丰基于共有资源视角下的研究作为环境民俗学的重要组成部分,是后柳田时代日本民俗学研究解构与重构的有益尝试,在民俗学方法上融合了生态观察、传承访谈与历史文献要素,在阐释的层面将研究者的理论、感性与生活者的理论、感性结合在一起。该领域的研究为生产、生活民俗的进一步深入研究提供了新的视角,拓展了以往山乡渔村民研究的方法论体系,为日本民俗学的理论探索提供了有益的借鉴,具有重要的学术价值。

不仅如此,"共"的世界及其价值,不仅存在于聚落这种传统性的地域社会中,更加可以为我们当下新社区的建设、现代社会问题的解决助力。书中所涉及的对于鲑鱼洄游资源的大川乡的考察,与当下中国村落与城市民众所面临的共有资源的利用与管理方面出现的问题与困惑密切关联,与美丽乡村建设、文明城市建设等诸多国家核心战略息息相关,其价值不仅体现在学术层面,更多是带给现实思考的启发与反思,这也正是民俗学科的用武之地与肩负的社会责任所在。

五、翻译实践层面的举例说明

在本书的译介过程中，我侧重从解构与重构层面入手，基于民俗学的专业素养与跨文化交际的训练，理解本书中的环境民俗学观与共有资源下的民俗志书写。

例如，在结构层面确立了对专业术语、方言、古文日语的理解与译词。示例1. 书中提到了诱捕鲑鱼使用的传统箱式工具"コド"一词，这种渔具的日文汉字标识有两种，分别在原书后半部分的第129页和第138页第一次出现，写作"古笯""固笯"，前者用以说明这是一种古老的鲑鱼捕捞工具。译介研究中考虑到这是安置在河中固定的诱捕渔具，从形象性理解入手，最终选择使用"固笯"的译词，与上海大学陈志勤副教授已有的译词也做到了统一。示例2. 对本书核心词汇"コモンズ"（commons）译词的权衡。按照环境学和经济学科的专业术语，应该翻译成"共享资源"，而在本书中作者有意强调的是"共有资源开发、利用、管理、维护的体制体系"，这与"共享资源"的概念有一定偏差。同时综合考虑词语的结构形式、"共有资源"与"共同资源"的异同、全书的语用意图，因此最终确定了"共有资源"译词。基于语义的解读，这里有意识地摒弃了其他学者曾经使用的"公共资源"译词。示例3. 从生态学角度对专业术语的权衡。书中在说明鲑鱼洄游数量与人们捕捞活动的关系时，使用了"控除性"的日文表述。意为"也就是说，某一个人捕获了鲑鱼，那么相应的其他人捕获的鲑鱼数量就会减少"。最初，从释意角度入手使用了"波动性"一词，在后来的修改及反思过程中，注意到生态学上有对应的"减损性"的专业表述，于是最后的译文呈现即为"鲑鱼，是一种从河川下游洄游的鱼类，是一种减损性特别高的资源"。

从解构与重构层面看，在翻译过程中，也会适时地借助解构与重构的思想，本着语用意图观的指导原则，有针对性地摆脱词语、句式等结构层面的禁锢以求在更大程度上传递出作者意图、实现准确而流畅的翻译。例如词语层面对"場所""取り決め書"译词的选择,在解构性理解的基础上,分别译为"承包区""协议书",表现了在河川分配体系下渔民之间长期存在的、涉及鲑鱼捕获数量的竞争以及边界划分的利益纠纷等。

当然,在翻译过程中也会遇到超出自己驾驭范围的问题,这些则通过向作者本人确认后完成。例如,源语文本第 16 页提到"大川乡一个名为塔下的聚落,将这样共同管理、利用同一个堤堰的伙伴称为'他乡之众',这群人承担着堤堰的管理工作"。日文中使用了片假名"タゴウの衆"的表述来指代这种伙伴关系,它可能是当地俗语或方言,对应的汉字有"他乡"与"田乡"两种。经向作者确认,最后确定为"田子之众"的表述。此外,作为村落的指涉,本书同时使用了片假名的"ムラ"以及"村""集落"的日语汉字书写,这些近义词的根本性区别究竟是什么?目的语译词中是否需要区别对待?这些也在后期与作者的沟通中得到了很好的解决。

六、致谢

本书的译介得到了日方作者的大力支持,在此表示感谢。2018 年 9 月 4 日,在邮件沟通中日方作者菅丰对于我的译介计划给予了充分肯定,紧接着在其协调下,第二天就收到了来自日方出版社吉川弘文馆编辑堤崇志的邮件联络。在邮件中,堤崇志就本书版权二次利用的出版社合同规定、译著出版的大致流程、有合作关系的版权代理公司、版权转让方式的初步意向、译著完成期限规定等内容做了细致、完整的说明,并预祝中文译著顺利出版发行。

此外,本书在翻译和出版过程中得到了以牛建科、李海涛老师为首的山东大学哲学与社会发展学院东亚人文研究专项资金的支持,特此表示衷心的感谢。同时,对参与翻译实践的 2018 级翻硕杨晓天、郭茹、刘帅而、邵婧，2018 级学硕师柏歌、冯青昀、张美航、鲁月彩、任欣颖等研究生同学们也一并表示谢意。

2019 年 4 月 28 日于山东济南

第一章

引言：河川的归属

● 非法占用河岸用地引发的骚乱

城市中静静流淌的河川沿岸，发生了一起骚乱。

时间是 2002 年（平成十四年）5 月 30 日，地点为流经东京都江户川区和葛饰区的新中川。负责新中川管理工作的东京都建设局第五建设办公室大约 100 名职员聚集在岸边，他们手中拿着锤子等工具，强行拆除了河岸非法占用建成的小房子与杂物仓库。这次强拆声势浩大，甚至动用了起重机，据说最后产生的拆除垃圾装满了 30 多辆载重 4 吨的卡车。不远处，非法侵占的当事人正不安地望向河岸，围观群众与记者们也聚集于此。平时安静祥和的河岸，此时一片喧哗。

早在之前，新中川就因为周边居民擅自在河岸建菜园而名声在外。在此，数百名非法种植者无序地开垦出大小不等的菜地，随意种植了包括番茄、黄瓜与茄子在内的数十种水果、蔬菜。大片的旱地被开垦成菜园，不，那种大小的话，我们称之为农场更适合。甚至有的菜园还用上了拖拉机这种大型农用机械；就像养鸡场那样，有人还在河边公然养起了鸡，盖起了小房子，放置存水的铁桶。这种肆无忌惮的做法很是让当地政府头痛，报纸、电视也曾进行过多次报道。后来，连无家可归的流浪汉也开始在河岸边安营扎寨，这已成为了一大社会问题。

非法侵占者以外的当地居民多次投诉，东京都第五建设办公室也多次巡视河岸并提醒他们注意，但都没有效果，问题的解决毫无进展。作为管理者他们无法对此置之不理，于是最后采取了强拆的手段。5 月中旬，拆除公告贴在了小屋子上。30 号，强拆终于开始了。

非法种植者们的说辞是："这是一片闲置地，所以我们利用一下也没有任何问题"[1]，"我们又没给任何人添麻烦"[2]，态度完全是极度自我

---

[1] 《朝日新闻》2002 年 4 月 24 日早报，东京川之手头版。
[2] 《朝日新闻》2002 年 5 月 17 日早报，东京头版。

3

河川敷の物置撤去
新中川の菜園問題

東京都江戸川区を流れる新中川の河川敷に、地元住民が「家庭菜園」を作っている問題で、河川を管理する東京都は30日、河川敷に建てられていた物置小屋などの撤去を始めた＝写真。河川法

で禁じられており、東京都は再三にわたって警告を発してきたが、菜園は広がる一方だった。撤去作業は、この日午前9時から川区小岩大橋から鹿本橋までの両岸約1・6㌔、約220区画の菜園が点

在し、36カ所に農機具を保管する小屋などが建てられていた。撤去を始めたのは江戸川区の職員ら1班約25人ずつが4班に分かれて開始。ハンマーなどを使って小屋を壊し始めた。

图 1　新中川菜园问题的相关报道（《朝日新闻》夕刊 2002.5.30）

的任性、随意。另一方面，周边的居民都表示十分反感。他们认为"侵占了这么多土地，那就是小偷的行径！他们中很多都是年龄很大的人，而且自以为是。每次看到那些菜园，我都觉得这些人的自私自利太没有底线了"[1]，为此愤愤不平。

据说，在此次拆除过程中，还发生了下面这样的骚乱。

那是位于新中川中游的江户川区松本地区。东京都组织强拆前不久，住在附近的两个主妇下到河岸，将种在地里的马铃薯连根拔起，并打算带走，而这里并不是她们自己家的地。菜园的"主人"从桥上看到了这一幕，不禁怒火中烧，大吼"居然敢偷我珍贵的马铃薯，你们这些小偷！"主妇们也不甘示弱，反驳道："万万没有被你叫成小偷的道理！"争执险些升级成了纠纷。两个主妇似乎都住在附近，有认识二人的邻居看到了这一幕，不禁疑惑"干嘛要吵架啊"。[2]

一方面，明明是非法侵占，却光明正大地宣称个人对菜园的所有权。一方面，主妇们像鬣狗一样夺走别人种的马铃薯，还蔑视着无力反抗的非法种植者。最终的结果是非法建筑物被要求立刻拆除，菜园的

---

[1]《朝日新闻》2002 年 5 月 29 日早报，东京第二版。
[2]《朝日新闻》2002 年 5 月 31 日早报，东京头版。

农作物给予一定的时间缓冲，会在收获期结束后的 7 月上旬再进行铲除。

● 河川是"公有物"

新中川的非法侵占不仅限于河岸，连河面也成了游艇的非法停泊场。一年后的 2003 年 5 月 28 日，第五建设办公室根据《东京都船只停泊保管治理条例》，对新中川的非法停泊船只进行了强制撤离，同时通过强制执行等手段拆除了非法泊船立柱与栈桥。据悉，1989 年（平成元年）该地足足非法停泊了 350 艘以上的船只，但随着东京都对临时停泊设施建设的不断完善，很多船只得以转移，2003 年非法停泊船只数量下降至 30 艘左右。[1]

河川是"公有物"。并非只有水流经的低地水渠才被称之为河，降雨时被淹没的高地水槽也是河川的一部分。而所谓的"公有物"，则是国家与地方公共团体直接出于"公"的目的而提供的有形物体。就一般情况而言，河川用地都是"公有物"，即使其中有一部分为私有用地，其使用仍要受到一定的制约。这就是"公有物"的"不融通性"。

前文所述新中川的情况，不要说与"不融通性"不符，非法菜园很明显已经违反了《河川法》。如果有人想要把河川占用为菜园或是作为游艇停泊场的话，根据国土交通省的有关规定，必须获得河川管理者的批准。例如，当河川为一级河川时，其管理者为国土交通大臣，同时根据相关政令，另有一部分管理权限归属该河川所在都道府县的行政长官。而新中川处于东京都的管理范围，如有人想将其用作菜地的话，理所当然就要根据《河川法》第 24 条的规定，先获得东京都的授权。

然而，即使有人以将其用作菜园、个人停泊港口等为理由进行申请，这种极其私人性的耕种用地与栈桥建设请求也不会得到批准。因为

---

[1]　参照东京都第五建设办公室主页。http://www.kensetsu.metro.tokyo.jp/goken/topics/fuhokeiryu/fuho-keiryu.html。

河川是"公有物",是国家与地方公共团体等直接为了"公用"而提供的资源。

但是,"公"这个词往往会令一般民众产生误解。这是由于"公"就是"大家"的这种固有印象,会让人把"公有物"与"大家的所有"这两种截然不同的概念画上等号,进而错误地以为"公有物"是"谁都可以利用的"。因此,新中川事件中出现了"这是一片闲置地,所以我们利用一下也没有任何问题","没给任何人添麻烦"等极度自我的、擅自将河川用于私利的人。就是这种"公有"观念致使"公有物"资源体系变得面目全非。

● 共有性世界

现代日本城市社会,越来越多的民众来到新兴城市经营自己的生活。他们大多细分为个人或家庭的形态,其各自间的维系却不像之前的日本社会那样稳固。所谓近邻,即使都与自治会、或以孩子为中心的学校组织等有往来,其关系程度也不如过去农村社会那样牢固。毋宁说,关系和交往的淡化才是新兴城市的魅力所在。说得极端一些,理想城市能够使人们从烦琐的人际关系中逃脱,通过跨越地域的个体性聚拢在一起。这样的个体性自洽,帮助我们让生活超越地域空间的束缚。如今很多日本人在居住地之外的场所完成维持生活的生产劳动。至少,除了工商业区等传统城市区域外,大多数城市社会的生产场所都已经与原有的地域社会毫无关联了。

另一方面,在过去以农林水产业等第一产业为主体的时代,或在现代仍以其为主体的地区,维计基本生活的生产劳动类型受到当地环境条件的严格限制。同时,生产所不可或缺的资源也会受制于当地的具体情况。生产本身已嵌入到地域社会中,因此与近邻及他人的关联性是必不可缺的。在这种情况下,生产以及为生产提供的资源作为生活的一环,万万离不开与他人之间的关联及交流。

通常，从"资源的所有"这一观点进行分析，资源可以分为以下四个类型。[1] 首先，第一类是开放性利用（非所有性）资源，人人均可利用。第二类是公有性资源，由国家或地方公共团体所有和管理。第三类是共有的资源，由特定成员所组成的集体共有和利用。第四类是私人所有的资源，由个人所有并利用，具有排他性。

根据以上分类，新中川沿岸一带居民非法利用的河川依据法律法规规定应归属第二类，即公有性资源。但居民却将其误认为是第一类的开放性利用资源，这正是悲剧所在。因此，他们巧妙地以"免费搭乘者"的身份，任意妄为地利用河川资源。这种无序、混沌式的资源利用在山乡渔村的社会中是不可能出现的。因为如果那样做的话，这一社会可能就此消亡。

在那样的传统社会中，私人所有的资源及共同所有的资源是生活的根基。私人所有的资源为水田、旱田、宅地等以家庭为单位享有、由其单独利用的资源。明治以后的近代化过程中，日本借助政策支持，鼓励可以私有化的物品在其可能的范围内由私人所有和利用。但是，同时也出现了仅凭私有化无法归置的资源。那就是共有性资源——共有资源（common property resource），或称之为共同利用的资源（common-pool resources）。共有性资源分为两类，一类是从根本上支撑人们生活的生活性资料资源，另一类是同生产有着密切联系的生产性资料资源。茅草、竹子、薪炭等日常生活的材料属于前者。同时，如果从饮用水这一层面看，水属于基本人类需求的生活性资料，但如果从农业用水这一层面看，其也属于生产性资料。像这样的共有性资源，对共享生活空间的人们而言，因其是维持生活不可或缺的存在，所以一直以来尽量避免对其私有化，而是交由几个人或大部分人所共同所有，或是虽不被所有但被允许共同利用。

---

[1] Feeny, David, et al. "The Tragedy of the Commons: Twenty-Two Years Later", *Human Ecology* 18-1, 1990.

是作为生活的口粮，是民众赖以生存的重要经济资源，同时也是与作为生活空间的地域共同体息息相关的社会性资源。这个河川所呈现的资源利用的状态，无疑就是上面所说的"共有资源"的典型。而与之息息相关的民众的生活，完全可以被称为共有性世界的典型，至少曾经是那样的。许多人同时使用同一资源的这种状况，要是不好好花心思、想办法的话，就会让人联想起哈丁担心的"公地悲剧"那种毁灭的结局，就有可能发生下面的情况。

鲑鱼，是一种从河川下游洄游的鱼类，是一种减损性（subtractability）特别高的资源。也就是说，某一个人捕获了鲑鱼，那么相应的其他人捕获的鲑鱼数量就会减少。在还没有人工孵化的时代，这种减损性会格外明显。大家都会理所当然地想要捕获更多的鲑鱼，如果都遵从自我利益最大化的人之常情，那么大家绝对都会拼了命地多捕每一条鱼。这样做的话，捕鱼的渔民们就能完全地享受到多出的每条鱼的利益。但是，减少一条鱼，从原理上说就会减少鲑鱼的自然产卵数，也就是说，从孵化到再度回归河川的鲑鱼数量就会减少。只是，这种负面影响会被全体渔民均摊，所以多抓了鱼的渔民还是会占到便宜。这样下去的话，理所当然渔民们都会争先恐后地先下手为强，拼命抓鱼，最后演变成再也没有鱼洄游而上。

像这样的"公地悲剧"的情节，在理论上是可能的，但是在现实中却没有发生过。正如接下来所叙述的，本书中提及的围绕着鲑鱼作为"共有资源"的河川，一次都没有消亡过。这条河川跨越了无数危机，至少经过了三百多年漫长的时光延续至今，其中必然隐藏着没有让悲剧发生的历史脉络。作为"共有资源"的河川究竟归属谁？以这个河川的鲑鱼为核心的共有性世界，究竟是从什么时候开始，发生过怎样的故事，又经历过怎样的变迁呢？本书决定对这条作为"共有资源"的河川的形成和变迁展开考察。

第二章

河川与民众的交往

大川，每到秋季鲑鱼就顺着这条清流洄游

第一节 鲑鱼洄游的村庄

● 新潟县最北的城镇——山北町大川乡

　　新潟县岩船郡山北町，大约生活着 2 500 户人家约 8 000 人口，位于新潟县的最北端。东边是山形县东田川郡的朝日村和新潟县岩船郡的朝日村，西临日本海，南边是村上市，北边与山形县西田川郡的温海町接壤。町的大部分边界，是由朝日山连成一片的海拔 500 到 1 000 多米的群山。大山深处的聚落中，至今山林猎人还沿袭着猎熊以及用椴木的树皮为纤维制作粗椴木布的习俗。重叠的山岳接连起伏，紧靠着被称为笹川流的海岸区域。入选国家名胜天然纪念物的笹川流，耸立在奇岩怪石之中，是拥有白砂的风景名胜之地，一年到头承载着日本海的恩惠。

　　深处的大山和海洋，依靠由东向西的几条河川串连在一起。河谷沿岸仅有很少的地方形成了平原，在此之上形成了小村落。山北町的土地总面积中约有 93% 是山林，町内的大部分地区被森林覆盖。另一方面，耕地不超过总面积的 3%。因此，当地居民早期就从事和山林息息相关的伐木业和木匠业。特别是那些分不到土地的家里的次子和三男们，很多都背井离乡出去从事建筑建设业的工作。现在，这座小城市作为日

新潟县岩船郡山北町

图 2　新潟县岩船郡山北町所在位置

13

图 3　山北町大川乡 [依据国土地理院发布的 25 000 分之 1 地形图（鼠之夫）绘制]

本典型的山坡丘陵地带之一，毫无例外面临着人口老龄化、少子化、稀疏化以及与之伴随相生的地域产业后继者不足的严峻问题。

新潟县最北端城镇的更北段是临接着海岸的大川谷地区。它又被通称为大川乡，分布在名为大川的二级河川的下游区域，是个农业山村。山北町境内有三条主要河川——大川、胜木川、葡萄川，其中最北面的是大川。大川乡，由海岸地区的伊吴野、中浜，大川沿岸的岩崎、府屋、堀之内、温出、大谷泽、杉平、塔下、迟乡、岩石、荒川口、朴平十三个聚落组成。贯穿这个地域的大川，是一条被誉为清流的名副其实的美丽河川。

● 大川与人们的关联

大川既是大川乡的重要景观，也与人们的生活紧密联系在一起。它不仅是人们赖以生存的场所、嬉戏玩闹的场所，并且也是令人敬畏的场所。人们与大川之间发生着多方面的联系。

大川的水首先作为灌溉用水使用。各处的堤坝将大川的水分隔开，引入河谷的水田之中，并使水田得到浇灌。以前，春天开始田间农作的时候，大家一起对引水入田的堤堰进行修护与管理。大川乡一个名为塔下的聚落，将这样共同管理、利用同一个堤堰的伙伴称为"田子之众"，这群人承担着堤堰的管理工作。此外，在水源不足时为防止人们争抢引水入田、发生争斗，他们还设置了名为堰守的看守人。

大川的水量并没有多到足够开展水运，但在古时，它也曾是人们运送物资来维持生计的场所。名为山熊田的聚落处在大川支流山熊田川的最上游，那里曾利用河流运送木材。因为那里拥有丰富的森林资源，所以过去他们运送燃料用的木材至下游村庄，与下游村庄进行木材交易。位于大川乡沿海地区的府屋和岩崎聚落，他们制盐时需要木材做燃料，由此他们习惯将这些产自深山的薪炭木称为盐柴。因此，依靠大川运送木材的行为也被称为盐柴漂流。

在水量增多的五月，人们利用大川将盐柴运送至下游。与现在相比，据说从前的水量更为充足，即便如此，普通小溪的水量也不能一次性承载数百根木材。因此，人们在河中修建了临时水坝以作储水之用，在储存了足够的水之后，便会使水坝决堤放流至大川的主干流。据说盐柴除了可以用于河岸的烧制盐，还会通过沿海运输运送至新潟市、山形县的酒田市等地。[1] 借助大川完成的盐柴漂流，对于原本只能从山中获取物产的山村村民来说，这成为他们获取海产、大米以及现金的重要生计来源。大川，正可谓是生活的命脉。

大川对于成人来说，如上所述，是人们生存不可缺少的生活场域。而对于孩子来说，也是熟悉的玩耍之处。20 世纪 80 年代初期，当时的村庄中还住着很多孩子。一到夏天，孩子们就在大川玩耍，浪花飞扬。

在塔下村，有一处被称为卷渊的打着转的深潭。从前，在进行盐柴漂流的时代，卷渊这里是一个难关。盐柴常被卷入其中，而顺势随着水流将被卷入的木材取出来则是极其费劲的事。在这里游泳也需要极大的勇气。即使是这样，深悉水性的少年们也会一跃跳入水中。位于卷渊上游的和留泽，有一桥架于其上。在桥的前方，有一处叫做河童穴的石洞，它被视为河童[2] 的住所，就是那些少年，若是想要在这里游泳的话，也是需要三思的。

少年们不仅在河中游泳，也痴迷于在浅水处的水流中抓香鱼。他们带着泳镜潜入水中，人手一根长约一米的细竹竿。细竹竿的前端装有锚状的三个弯钩。由于香鱼是游向上游的，他们便可从下游开始悄悄地接近它们，然后在其身后将其捕获。

而不擅长游泳的年幼的少年们，也有着他们大显身手的场所。河

---

[1] 筑波大学山北研究会编著《山北町的民俗》三，山北町教育委员会，1987 年。
[2] 日本有"河童驹引（河童把马拉进河里）"的传说，据说在水中栖息着各种不同种类的河童，其中一些"品行"较差的河童，每年都害许多无辜的人溺毙。这些行为不良的河童会躲在水里，并趁机拉住人的脚，待把人拉到水里后，再吃掉部分内脏。

里的水通过水渠引入水田，少年们会在这些水渠里捕捉一种类似于杜父鱼、实则为刺鰕虎的鱼。他们用钓鱼线，以前这种鱼线是以马尾为材料，打一个名曰"彦结"的环，装在竹子或是木棒的一端，慢慢接近刺鰕虎鱼，一下子提拉起来。如果顺利的话，那个环能够紧紧地将刺鰕虎鱼束缚住。

河滩之上散布着鲑鱼的捕鱼小屋，这也是很好玩的场所。在秋冬季捕鱼期以外的时间，小屋便处于无人状态，因此对于孩子们来说，这是个可以偷偷潜入的、绝佳的秘密基地。现在从事捕捞鲑鱼的年长的渔民们，他们还会经常说到儿时帮助父母捕捞鲑鱼的事情。虽说是帮大人干活，但这绝不是强制的，不如说是一种乐趣。一旦到了鲑鱼的捕鱼期，男孩子们便会期待放学后顺道去捕鱼小屋，若不能早早下课的话，很多男孩子便会坐立不安。

大川在平和时期是一条宁静的河，为民众带来生活所需的食物与欢愉。一旦河水汹涌泛滥，后果则不言而喻，大川不仅会对民众的生活，也会对生命造成威胁。大川乡在近50年里，遭受过多次水灾。以前，1958年（昭和三十三年）7月28日，由台风二号引起的暴雨冲垮了大川堤岸，冲垮道路、桥梁、房屋以及耕地。第二年1959年（昭和三十四年）7月22日，由于活跃的梅雨前锋导致暴雨，再次引发洪灾。当时，大川乡有350处房屋遭到毁坏，68条道路被冲毁，32处堤防决堤，19座桥梁被冲垮。大川谷小学的一部分小学生与教师被困于校舍之中，最后用船救出。后来相继发生了1967年（昭和四十二年）下越地区的"8.28水灾"，1973年（昭和四十八年）局部遭受大雨袭击的山北町"8.29水灾"。尤其是"8.29水灾"，泥石流所造成的山崩地裂是至今未曾有过的。[1]

像那样恐怖的景象，毫无疑问，也是大川的风景。但与大川乡民众长时间相伴的依旧是平静的、水量充裕的、并为他们带来食物的日常状

---

[1] 山北町史编纂委员会编《山北町史·通史篇》，山北町，1987年。

态下的大川。

● 大川乡与鲑鱼

现如今，鲑鱼遍布全国各地，是一种大众的、常见的鱼。但在过去，鲑鱼作为高级的鱼类，即便是在产地的北海道和东北地区，当地的民众也难以轻易吃到。就在几十年前，鲑鱼仍是贵重食品，被用作年末互赠的礼品。

在山北町，鲑鱼也是非常珍贵的鱼。在这个地方，鲑鱼被赋予了特殊的读音，用以指代总体鱼类，而且只在指代鲑鱼时才使用这个读音，从中我们也可以看出当地赋予鲑鱼的特殊地位。鲑鱼可以烤制、熬煮以及煎炸，它丰富了大川乡家家户户的日常餐桌。鱼头部的软骨可以凉拌，被当地人称为"冰头"。可以说鲑鱼身上没有一处被浪费。

鲑鱼除日常食用外，它还具有作为救荒食物的重要性。鲑鱼因为可以腌渍，因此保存性大大胜过其他鱼类。据说如果将鲑鱼腌得口味重一些，并且进行充分干燥，秋冬季节捕获的鱼可以一直保存到第二年的盂兰盆节。在山北町有一句流行的俚语"富吃鳟鱼，穷吃鲑鱼"[1]，意思是说"水稻丰收年份会有很多的鳟鱼（马苏大马哈鱼）逆流而上，而歉收年份会有很多鲑鱼洄游"，这充分说明在遭受夏季低温而导致农作物受害时，鲑鱼作为救荒食物的重要性。

鲑鱼也会作为一种礼仪性的食物，出现在一年中的各种节日里。例如在大年三十，一定会吃鲑鱼，这时称之为"年节鱼"。当地人习惯赋予辞岁时用盐腌制的鲑鱼以特别的称呼，以名为"正月切"的特殊刀工切下鱼肉，将其穿成串烤制，这是家族全体成员必吃的佳肴。民众甚至会

---

[1]　日语：福マスの貧乏ザケ。

说"不吃鲑鱼,新年不至"[1]。另外正月前三天,民众会在壁龛和惠比寿的神龛前供奉鲑鱼的胸鳍。

以前,到了五月末和六月初的插秧季节,民众会用鲑鱼招待帮忙插秧的人。有一种被称为"鲍"的菜肴,就是将腌渍的鲑鱼用水冲洗后,再用类似白桦科植物的叶子或是海带包裹,然后水煮。在大川乡,像这样作为节庆菜肴的食物,没有其他鱼类可与鲑鱼的地位相提并论。

另外,相较于其他鱼类,与鲑鱼有关的民俗内容同样丰富。例如,与生育有关的忌讳中,当家中有小孩出生的话,小孩出生后的七天内,都会被限制捕捞鲑鱼,同时严格禁止女性靠近渔场。相反,死亡对于捕捞则是吉利的事情,民众相信若是将葬礼上使用的花环、竹扎、华盖、蜡烛、捆绑棺材的红绳、抬棺的木棒以及葬礼的点心等物品带到渔场,就会在鲑鱼捕捞时满载而归。

第二节 传统方式下与自然界的交往

● 保留着鲑鱼捕捞传统的大川

对大川乡的民众来说,他们最具代表性的河川利用活动就是鲑鱼捕捞,这当然也是长期以来民众赖以生存的劳作。因此一直以来,民众都将其视为社会性的重要经营活动,但如今捕捞鲑鱼的意义也在一点点地发生着改变。而保留下来的"古老的"传统渔业技术,在漫长的岁月中却几乎没有变化。

在大川,没有人专职从事河川捕捞,所谓的渔民或者是有其他的本

---

[1] 日语谚语:イヲを食べねば、年があけぬ。

职工作，或者是一些已经退休的过上悠闲生活的老人。除鲑鱼之外，在大川水系还栖息着香鱼、马苏大马哈鱼、红点鲑、樱鳟、石斑鱼以及过去放流后留存下来的少量虹鳟。以前，似乎有人在这里捕捞过八目鳗，但现在几乎看不到它们的影子了。上述鱼类基本都是垂钓的对象，比如香鱼就是以诱钓与滚钓的方法来垂钓。另外，通过售卖垂钓许可，山北町以外的人也可以获准进入大川垂钓，但只有当地的一部分人才有资格捕捞鲑鱼。

每年9月25日至次年1月31日这四个月左右的时间，是公认的捕鱼期。但每个渔民实际捕鱼的时期是不同的：有人每天出门打鱼，有人只在周末打鱼。11月末至12月初是鲑鱼洄游最活跃的时期，也是捕鱼的黄金期。在这段时间里，有的人为了捕鱼甚至就直接住在河滩的小屋里。

第二次世界大战以后，日本对河川鲑鱼捕捞的定位与其他普通渔业有了明显不同。根据1951年（昭和二十六年）实施的《水产资源保护法》第313条有关规定，从资源保护的观点出发，禁止在河川中捕捞鲑鱼，即禁捕。但是，可以在获得都道府县长官许可的前提下，进行"特别捕捞"。当然，这种"特别捕捞"仅适用于鲑鱼资源增殖工作的一环，即在孵化事业中，以采卵、采精为目的而进行的捕捞。因此严格来说，现在的河川鲑鱼捕捞不是"渔业"的一种，而是作为"鲑鱼增殖"工作一部分的"特别捕捞"；从严格意义上来说，渔民们也应该被称为"鲑鱼增殖从业者"或"鲑鱼捕捞员"。从法律角度来讲，捕捞的主要目的是对鲑鱼的采卵、孵化，因此甚至可以简单地将捕捞本身看作是增殖过程的二次性附带行为。自从《水产资源保护法》制定以来，相关部门的确严格地进行着鲑鱼的孵化工作，但大川的鲑鱼捕捞员与这种形式上的称呼毫无关系，他们本质上仍然还是渔民，做着鲑鱼渔民应该做的工作，在他们看来捕捞场就是他们的渔场，而不是孵化产业基地。所以，用鲑鱼渔民这个词来描述他们，还是很恰当的。在大川，个人小规模的、低效的、利用天然素材的极其古老的捕鱼法仍在传承着。

● 基于自然知识体系下的鲑鱼捕捞

　　大川的渔民们所使用的传统捕鱼法的原生态样貌，放在全国来看也是非常独特的。现今，进行鲑鱼捕捞的大部分日本河川，采用的都是现代化的集团性的大规模高效率渔业技术，目的在于进一步推进鲑鱼资源增殖工作的开展。这是一种名为"一揽子采捕"的方法，指的是在河川里无死角地放置好竹篓与渔网，完全阻挡住鲑鱼的洄游，然后用渔帘、渔梁与固定网等陷阱渔具诱捕上几十甚至几百条鲑鱼，采取的是一网打尽的做法。通过这样的做法，可以将整条河都拦截，从而能将鱼一条不留地捕捞殆尽。此外，尽管安放渔具需要耗费大量心力，但却省去了每天的人工。鲑鱼一旦进了陷阱渔具就无法逃脱，因而没有必要一直盯着渔具。所以也就可以投入很少的人手，捕获大量的鱼，的确是非常高效的捕鱼法。即便"一揽子采捕"是一种经过技术革新的先进渔业技术，但是渔具的安放也还是需要相应的技巧。而将被困住的鲑鱼从陷阱中打捞上来，只是个单纯的力气活儿，不需要特别的技能、知识与素养。因此，即使是毫无相关经验的人也能轻易上手。这也正是与推进鲑鱼孵化事业相适应的捕捞方法，是二战后水产行政部门鼓励推行的"现代化"方法。这种带有强制意义的"推行"，致使那些诞生于日本各地的特色传统捕鱼法几乎消失殆尽，而被"一揽子采捕"取代。

　　可是，大川的渔民们却敢于对所谓"现代化"的"一揽子采捕法"说"不"，他们仍然坚持着古法捕鱼。人们会根据大川沿岸聚落的位置来划分并管理河川，而各聚落的渔民们又会对本聚落所管辖的河川进行二次分配。每个渔民都继承了传统的、一条一条捕捞鲑鱼的方法。这种乍一看会让人觉得"原生态"的捕鱼法，即使是在日本的河川上，也已经十分罕见了。看起来，传统捕鱼法已经落后于现代渔业技术的发展了，但正是这种只能在日本极少数河川上才能得见的鲑鱼捕捞方法，却教会了我们有关自然的知识，以及运用这种知识与自然和谐共处的方法。

当然，捕鱼法越原始，它所要求的经验、知识以及技能就越重要。因此，大川的渔民们就必须熟知他们所面对的河川或者鲑鱼等的属性。但对门外汉来说，他们所掌握的知识是非常难以理解的东西。即使我们能理解渔民们话语的表层含义，但还是听不懂核心内容。这主要是因为在他们的交流中，主观与客观的表述混杂在一起，我们即使能听到他们所言，也无法做到恍然大悟。此外，他们还会说一些意在言外的个人经验与感受，更是我们无法企及的。

河川的中心在哪里？河川什么位置深，什么位置浅？河底部分哪里有卵石，哪里有沙子？鲑鱼喜爱集聚的水流喷涌之处在哪里？这些在鲑鱼捕捞过程中不可欠缺的知识，抑或是他们从长年累月进行鲑鱼捕捞的父亲或祖辈那里传承得来的，抑或是通过自身长期经历体悟得来的。平日里，他们会仔细观察并充分掌握河川的状态。他们对于鲑鱼会在什么位置，何时洄游，在哪里休憩，在哪里产卵等行为信息十分敏感。大川的鲑鱼捕捞活动正是基于这样经验性的传承、丰富的知识基础之上展开的。对于在大川进行鲑鱼捕捞的渔民来说，其掌握的自然知识的多少左右着其捕捞量的多少，我们也可以清楚地看到，没有这些自然知识也绝不可能生成实际操作中鲑鱼捕捞的技术。

捕捞鲑鱼的渔民们对于鲑鱼习性做了如下说明。"鲑鱼从大海洄游的时候，会一边在河川深处的潭水处休息，一边沿着洄游路径向上游游动。并在有地下水涌出的粗砾石产卵温床处产卵。"鲑鱼的洄游并不具有均质性，而是有着一定的路径。河川中存在鲑鱼的"洄游路径"。

对于鲑鱼来说，有地下水涌出的、有粗砾石的地方水温变化小，并蕴含丰富的氧气，是鱼卵发育的适宜场所。渔民们很好地利用专有词汇阐释了鲑鱼会聚集于此的生态知识。他们对河川生态谙熟于心，一边在脑海中浮现出鲑鱼洄游到自己渔场时的样子，一边选择最适宜的方法进行捕捞。

● 将渔具放置在鲑鱼"洄游路径"上的捕捞方法

据报告[1]记载，固笯曾分布于山北町南侧的朝日村、村上市的三面川河系及其北侧的山形县赤川流域。如今只在大川还沿用这种传统渔具，其他地区已经销声匿迹了。

固笯及简易固笯是放置在鲑鱼洄游路径上对其进行捕捞的渔具，用它们捕鱼也是大川民众基于鲑鱼及河川相关生态知识基础上开展的主要的鲑鱼捕捞法。据说在秋意未浓之时，即鲑鱼洄游的初期，因为其数量少，且并未到产卵期，所以很难在产卵温床处开展捕捞活动，捕捞工作主要围绕洄游路径展开。首先，关于固笯进行如下说明。

固笯放置在鲑鱼的洄游路径上，是安置在水中的箱体装置。渔民利用其诱使鲑鱼进入箱中，再用钩子将鲑鱼捕获。放置时需要注意两点。第一，确定固笯的位置十分关键。比较适宜的位置是在鲑鱼洄游路径的旁边，这一点显而易见。并且需放置在有一定流速和深度、河底为粗砾石构造、且最好是河底地势稍高的浅水位置。但因为满足以上条件的好的位置并非随处可见，所以如果渔民他们各自的渔场里没有这样的点位，那么即使放置了固笯也起不到作用。对于鲑鱼洄游路径的判断就已经非常感性化了，再加上上文提到的"旁边""一定程度要求"的流速、深度、"略"浅等只可采用笼统性表达的地方，正是渔民们的诀窍、感觉等的本质所在。因此，寻找一个适宜放置固笯的位置需要多年的经验积累。而年年制作固笯的人和仍未习惯制作固笯的人，即使制作的是完全一样的固笯，但由于其放置的位置不同，也会导致鲑鱼的收获量有很大差别。

放置固笯的位置一旦确定，就需要借助特定工具耐心地将鲑鱼讨厌的河底细沙清除干净。然后从放置位置起朝向下游挖一条被称作"纹

[1]　犬塚乾士《最上川水系的鲑鱼捕捞与渔具》，《民具月刊》15-5，神奈川大学，1982年。

23

图4 固笯捕鱼法

路"的沟道。纹路是诱导鲑鱼进入固笯的铺垫，要注意不能挖得太深而显得不自然，要细致挖掘，旨在让鲑鱼感觉"舒适"地进到固笯中。

终于到了固笯的制作环节。首先是固笯的打桩。从第一个桩开始按照顺序将桩打入，然后利用藤蔓等将一根横木固定在这侧桩上。紧接着同上述一样，从深的一面开始，按顺序将桩打入下游一侧。这样一来，固笯的大体轮廓便已成型。打桩是固笯制作过程中最需要体力且劳动强度大的环节。所以在打桩之前，渔民们会先用铁棒松动河底以便使打桩可以轻松一些。

接下来，在基本轮廓的上游一侧装配一面竹席。在过去，常用青竹或是河边生长的银柳枝叶制作竹席，后来选择混用芦苇、杉树皮、柏树皮等材料，如今也有人使用草席。用竹子箆把这些材料夹住，再用藤蔓将其牢牢固定在上游一侧的桩上。为使竹席下端不会因为水流冲击浮起来，还需要在其下端垒上石头压住。

固笯的安装到此便告一段落，现在需要调整因冲击上游沿壁而发生变化的水流流速。在短时间内保持水流的这一状态，以便将残余的细沙冲洗出来。虽然说固笯是一种箱体装置，但并不是完全密封的，不能阻断水流的扰动。没有水流流动的固笯，鲑鱼是不会进入的。保持其中微妙的水流扰动十分重要，鲑鱼也是沿着这种扰动进入固笯的。因此，要耐心细致地调节水流。

从靠近河川中心的"一号木桩"处的河底往下挖，等到河川的流速平稳到"一定程度"后，在下游方向的沿壁上装上垂帘。垂帘的下部削减成宽一尺五寸（约合五十七厘米），高一尺（约合三十八厘米）的大小，这样才能使得鲑鱼顺利进入固笯。

接下来，在固笯被称为"肋场"的、远离河岸一侧固定好垂帘，形成箱子的形状。在"肋场"的中心区域，打入一根叫做"惠比寿"的木桩。它是整个固笯的中心，作用十分重要。这根木桩是以"稍微"倾斜的角度被打入固笯中的，会在"肋场"的下部形成间隙，而间隙又会在固笯内部形成"适度"的水流，这就使得鲑鱼会借着这股水流进入到固笯内部。因此可以说这根"惠比寿"桩决定了鲑鱼的进入状态。

这样就完成了固笯主体的制作。在这个主体的上部铺有稻草和茅草做成的盖子，人站在上面也不成问题。上部开了"见窗"和"钓窗"两个孔，渔民可以从"见窗"观察固笯内部，然后从"钓窗"中塞入渔钩对鲑鱼进行捕钓。而这个渔钩一旦钓到鲑鱼，就会和竿子分离，通过一条细绳与竿子连接，从而减弱了鱼挣扎时产生的振动。

平常，"见窗"和"钓窗"的孔洞是用稻草捆盖住的。为了让鲑鱼更好地在固笯里休息，渔民们会在其中放入几块由大叶竹捆绑的石头，也称之为"中笹"。进入固笯的鲑鱼，在贴近"中笹"后会一动不动。最后，在固笯外部靠近下游的位置会放流一种带叶的竹藤，以调整固笯后半部分的水流流速。固笯的制作活动在鲑鱼渔期开始前的八月末至九月中旬展开，熟练工也需要花整整三天时间来完成一个固笯的制作。

接下来，是关于简易固笯的介绍。即只制作固笯的"上场"部分，然后在"一号木桩"上装上竹藤，接着让它漂流就可以，这是一种非常简便的装置。即便如此，要想使用它也需要对洄游路径有透彻的理解。使用简易固笯时，用渔钩在竹藤下方小心试探，一旦有了手感就进行捕钓。

"简易固笯"一词在当地有"恼羞成怒"的意思，因为它与固笯相比，更容易被鲑鱼逃脱而让人恼怒并由此得名。虽然现在也有人把"简易固笯"叫做"固笯"，但是从严格意义上讲，"固笯"是指箱体的"固笯"。现如今与固笯相比，简易固笯在数量上占绝对上风，真正的固笯几乎已经见不到了。因为固笯的制作会花费大量的时间和工夫。而简易固筌不论是制作，还是利用其捕捞，都不需要像利用固筌那样要求特别熟练的技术，掌握起来十分简单。

尽管固筌和简易固筌在结构上有繁简之分，但是共同之处在于装置本身的目的和构造，那就是吸引鲑鱼到达特定位置，而不对鲑鱼的行动加以任何的限制。也就是说，即使鲑鱼进入了固筌和简易固筌，也可以非常轻易地从里面出来。只是凭固筌和简易固筌这类诱引装置的话，当然不能实现捕捞活动，还必须依赖渔钩等其他主导渔具。但是，放置适当的诱引装置，与使用渔钩和前端被分成好几股的多股渔叉等主要依靠渔具的捕鱼相比，能捕到更多的鱼这一点是显而易见的。

●"鲑鱼休息地"和产卵温床地的捕鱼法

渔民之间流传着这么一句话："通常鲑鱼的活动在夜间是最活跃的，白天它们会在河川弯曲的深处以及靠近产卵温床的深暗处休息。"但是，在鲑鱼休息的位置深度，确认鲑鱼的情况是非常困难的。因此，在这样的地方就需要采用撒网等方法，确保即便无法确认鱼的位置也可以完成捕捞。因为不能像洄游路径那样在靠近鲑鱼的地方放置辅助性渔具，因此捕鱼的效率自然就不高了。

另外，在 1986 年（昭和六十一年）之前，在这些河渊还可以使用多股渔叉。而现在考虑到采卵环节以降低对鱼体的伤害，大川渔协已经禁止使用多股渔叉。但是在此以前，大川还是使用了两种渔叉，分别是前端固定的"埋渔叉"和前端可以分离的离头式的"笠渔叉"。

离头式的"笠渔叉"和固筌中的渔钩一样，刺中鲑鱼的同时前端自动和本体分离，通过和手柄相连的细绳以减弱因受伤而躁动的鲑鱼的扰动，从而让鲑鱼难以逃脱。因为"笠渔叉"会使刺中的鲑鱼难以逃离，所以你的目标只是一条鱼的时候它是确实有效的。然而，要是有很多鲑鱼，需要快速地操纵渔叉的时候，"埋渔叉"则更容易操作。因此渔民们去河渊捕鱼的时候，会把两种渔叉都带上，然后根据情况来区分使

用。渔叉的手柄有四到六
米长，据说认真仔细的人
会给渔叉表面涂上漆，对
自己的渔具爱惜有加。

就这样，鲑鱼会一边
在这些"休息地"休息，
一边沿着洄游路径，最终
到达能够产卵的地方。如
上所述，渔民们会把产卵
温床叫做"堀"或者"堀

图 5　隐藏在"风见仪"栅栏背后观察鲑鱼情形
的渔民

趴"。鲑鱼大多聚集在此，因而这里又成为了一个很好的渔场。在第二
次世界大战之前还使用一种叫"堀守钓"的捕鱼方法，现在仅使用囮渔
方法进行捕鱼。

"堀守钓"这种捕鱼方法特别与众不同。这种钓法使用的是固笯中
渔钩 1.5 倍大小的渔钩，将此渔钩朝上放入河底，用耳朵贴靠渔竿以辨
别鲑鱼摩擦砂石发出的声音，从而确定鲑鱼停留的地方。需要产卵的雌
鱼会在河底挖洞，因此细砂会升腾上来。渔民们根据这个声音来靠近鲑
鱼。如果钩子正好位于鲑鱼正下方的下游位置时，就能听到鲑鱼挖上来
的砂石相撞发出的"钲钲"的声音。从那里往上游位置提一点儿，便是
雌鱼所在的位置。

人们凭借声音慢慢地接近鲑鱼，在渔钩碰触到鱼的一刹那将其钓
起，这种方法被称为"捞捕"，正所谓是"能手的技艺"。而且，据说他
们还可以根据渔钩的触感识别雄性鲑鱼与雌性鲑鱼。如果判断为雌性鲑
鱼，它就成为了天然的诱饵，能够吸引到多条雄性鲑鱼。据说也是因
此，人们会先放过雌性鲑鱼。雄性鲑鱼通常会在雌性鲑鱼下方游动，所
以雄性鲑鱼往往会先被钓起。

因为渔民是潜入水中的，所以他们极易被鲑鱼发现。正因如此，在
夜间以及雨后河水浑浊等情况下，据说这种捕鱼方法能够更见成效。但

是也正因为其需要熟练的技术能力，所以现如今基本上没有人能够驾驭此种方法。那种捕鱼的姿态，我们也只能够在长老的话语中窥见一斑。

最后要介绍的囮渔，与在鲑鱼洄游路径中使用的简易固笯相同，是如今在大川盛行的一种捕鱼方法。这种捕鱼方法，是将四至五米长的鱼线从作为鱼饵的鲑鱼鱼嘴穿至鳃部，系在竹竿上，放置于鲑鱼的产卵温床中随波流动，用渔钩或渔网捕捞游至附近的鲑鱼。雌性鲑鱼作为鱼饵能够吸引雄性鲑鱼靠近，雄性鲑鱼作为鱼饵能够吸引雌性鲑鱼游近。考虑到捕鱼初期，雄性鲑鱼大量洄游，而在捕鱼期最盛之时，雌性鲑鱼大量洄游，因此，鱼饵的雌雄种类选择也会相应地进行调整。渔民所使用的鱼饵是利用固笯捕捞到的鲑鱼，或是从其他渔民那里转让得来的鲑鱼。

捕鱼时，渔民会站在岸上观察鱼饵周围是否有鲑鱼接近，但同时，鲑鱼如果发现有人影便会逃走，这种情况被称为"捕捉到影子"[1]。为防止这种情况，渔民会在岸上用杉树、竹子和山茶的枝叶制作成名为"风见仪"的栅栏，渔民藏于栅栏后面，俯下身体，从栅栏之间的缝隙进行观察。若有鲑鱼游近，便悄悄将渔钩置于鲑鱼下方，一下子将其钓起。若是渔民技艺不到家，便会失误，将诱饵提起来，因此必须要多加留意。

在大川，鲑鱼的产卵温床并非随处可见，如前文所述，只有涌出地下水的浅层粗砾石河底部分才能形成卵床。鲑鱼洄游路径会随着水流的变化，每年发生变化。若非发大水将卵床填满，卵床的位置每年不会发生大的变化，并保留在一定的区域内。渔民熟知自己聚落的卵床位置，因此渔民们所思所想十分相同，他们绞尽脑汁，希望尽自己所能将有大量鲑鱼游近、捕捞量多的鲑鱼产卵温床划归到自己的片区。这种卵床的竞争十分激烈，很难得偿所愿。

如上所述，大川进行的鲑鱼捕捞要求渔民熟知河流状况与鲑鱼习

---

[1]　日语：影を取られる。

性，并且能够大量地运用这些知识。如此情形，大家通过我拙劣的解说也能有所理解吧。但即使能够理解事物的大概，实际上在真正进行捕捞时，仅根据这样少量的信息，肯定是非常困难的。依靠这些仅有的知识，在河中捕捞鲑鱼的话，其结果，大概是不能心满意足的吧。这是因为捕捞鲑鱼还需要更多无法用语言表达的、感受性的知识与技巧，也可以说是在长年累月中获取的身体性的感受吧。

第三章

共有性资源：
作为共有资源的河川

村民在环视渔场的边界。因为鲑鱼资源是聚落的财产，所以要格外
细心地确认本村与邻村之间的河川分界线

第一节 共同管理的河川

● 作为共有资源的大川

大川是众人共同拥有、管理并使用的资源，它无疑是共有资源。大川拥有丰富的鲑鱼资源，这也更加鲜明地体现出其作为共有资源的特点。

在大川，有经验的鲑鱼渔民们，会熟练地运用丰富的生态知识和身体性技能，进行鲑鱼捕捞。但这些知识与技能的运用并非是随意的、漫不经心的，它受制于大川乡民众制定的社会性制度。

这里提醒我们注意的是，这样的管理做法并非是有良知的人们出于善意理念，例如重视社会秩序、珍惜资源和保护自然之下产生的。大川的鲑鱼渔民是对鲑鱼的增殖事业极为热心的资源保护派，同时也是具有合理性思维的普通百姓，他们希望自己捕到的鲑鱼一直比其他人多。因此，作为共有资源的大川，即使表面上看起来井井有条，说到底，这种管理做法是以可持续性利用为前提得以实现的。而我们若是单纯地、甚至过度地赋予其一种类似自然保护等的淳朴的价值理念，并将其作为先入观的话，这恐怕就会与实际情况产生极大的出入。因此，我们在看待可持续利用的传统性共有资源时，对于这一点的正确理解就显得极为重要。

以现实生活中的利用需求为前提，共有资源得以确立，关于这一点我们稍后再作论述。首先，我们来看一下作为共有资源的大川的特征，即对人们的行为进行规约的组织与规则这一类的社会体系部分。作为共有资源的大川，现在正发生着剧烈的变化。第二次世界大战后至20世纪 80 年代期间，大川的传统尚且特色鲜明、保留完好，因此我们选择以该时期的内容为中心对社会体系展开考察。

● 村落管理下的河川

即使是现在，从全国范围来看，大川的鲑鱼捕捞也保持着独特的生态。这份独特性不仅可以从低效率、传统的捕鱼法中窥见一斑，从捕鱼法相关的运营、规则、组织等制度性结构层面也能发现很多。前面已经提到过，自从第二次世界大战之后，日本河川的鲑鱼捕捞就与普通的渔业有所不同。作为鲑鱼孵化事业，它属于特别捕捞类型，以采卵及采精为目的的捕捞，必须得到都道府县长官的许可才可以。而这个许可权基本上被移交给了掌握各个河川全部渔业权的渔业协同组合[1]（以下简称渔协），由他们制定规则，全权管理渔场与捕鱼技法。

当然，大川地区也由渔协负责特别捕捞许可。在大川，管理增殖事业名下鲑鱼捕捞的是山北町大川渔协，但实际的运营主体却是设立在渔协内部的鲑鳟部门。该部门并不面向渔协的全体成员开放。20 世纪 90 年代，只有居住在岩崎、府屋、堀之内、大谷泽、温出、杉平、塔下、迟乡、岩石这九个大川沿岸聚落的人，才有资格加入鲑鳟部门（现在，有资格加入鲑鳟部门的聚落范围有扩大的趋势，这点我将在后文中详细说明）。只有在上述九个聚落的范围内，才允许捕捞鲑鱼，而在其他的上游聚落，是禁止捕捞的。即使你是渔协成员，这九个聚落以外的人也是不被允许加入鲑鳟部门的，也就是说，他们无权捕捞鲑鱼。而想要成为鲑鳟部门的新成员，首先要获得当地渔协理事的推荐，得到资格审查委员会的批准，还要向渔协缴纳投资金，才得以准入。另外，这一资格允许由父辈传给子辈，这种情况只需获得渔协会长的承认即可。

---

[1] 渔业协同组合。日本水产业协同组合之一，向组合会员供给必要物资，共同利用加工设施等，并从事销售等业务。

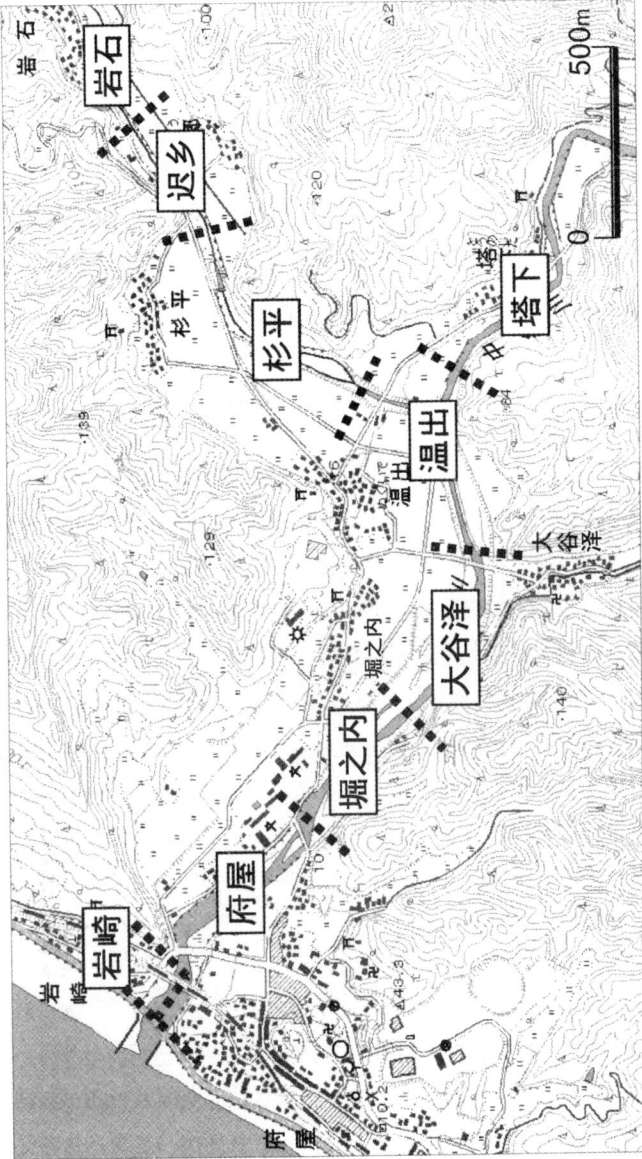

图 6 各聚落的"捕鱼区域"［依据国土地理院发布的 25 000 分之 1 地形图（鼠之夫）绘制］

作为共有资源，当地民众对大川的利用惯习呈现出当地特色。虽然大川的鲑鱼捕捞活动由渔协统一授权，但实际上对渔场的管理则由其九个聚落按照各自惯习来执行，个人对渔场的利用也是在各自聚落的管理下按照个人利用的惯习执行的。即每个聚落都有大家共同利用河川的社会体系，进而还有全体聚落共同利用大川全流域的社会制度。大川是名副其实的共有资源。对这一共有资源的利用及管理惯习，又被称为"固笯"，充分体现了其深层次极具传统性的捕捞生态。

一直以来，大川的渔场由河道两旁的九个聚落依照惯习进行实质性管理。九个聚落将大川的渔场划分为九个片区并各自管理。渔协官方管理的渔场片区，从下游处说起，分别是由岩崎聚落所有的第一捕鱼片区，该区域为羽越本线大川铁桥下游至大川桥上游的 100 米范围。府屋聚落所有的是第二捕鱼片区，该区域为大川桥上游至府屋桥上游大川谷小学校门口的范围。堀之内聚落所有的是第三捕鱼片区，该区域为上述地点起至大谷泽金山的范围。大谷泽聚落所有的第四捕鱼片区止于大谷泽桥下游 140 米处。温出聚落所有的第五捕鱼片区至中继川河川交汇处上游 100 米处。塔下聚落所有的第六捕鱼片区至神马泽头首工（堤坝）处。杉平聚落所有的第七捕鱼片区为中继川河川交汇处起至迟乡字境处。迟乡聚落所持第八捕鱼片区为杉平至岩石字境处。岩石聚落所持为第九捕鱼片区，从迟乡字境至上游小俣川（大川支流）流域处（20 世纪 90 年代渐渐有所变化）。因为河道年年发生变化，所以捕鱼片区的范围实际上由聚落之间通过交涉进行调整，个别地方会有出入。

大川乡民众注意到鲑鱼捕捞的一些功能，将可以捕捞到鲑鱼的河川及其权限叫做"鲑川"，从捕鱼片区的划分方式上可以看出，鲑鱼的捕捞依照惯习，首先归属聚落所有。各自的鲑鳟部门成员仅被允许在其所属聚落的捕鱼片区进行捕捞。即捕鱼片区是具有排他性的，即使是鲑鳟部门成员也不得在其他聚落所有的捕鱼片区内捕鱼。在这里需要注意的是，这些各自聚落的捕鱼片区的划分及其管理、排他性等要素并非是特定的、有法定依据的，而是由当地的惯习确保其运行。

● 河川的分界

　　如上所述，河川被每个聚落划分为片区，鲑鱼的渔民们使用固筊、简易固筊和诱饵等方法捕捞鲑鱼。然而就算是在自己聚落的河川，也不是到处都可以捕鱼。每年，渔民们都会在自己的聚落中更进一步划分出属于自己的地盘。这些地盘被叫做"承包区"。大川使用的这种传统渔法，要是放任不管的话，渔场的争夺必然会引发纠纷。大家都想占下好的"承包区"，也会尽可能霸占广阔的"承包区"。为了调节渔民间这种竞争的诉求，分配"承包区"的制度对于这条大川来说就是十分必要的了。只是决定"承包区"，然后再分配给渔民这一工作并不是渔协完成（现在仍在变化中，之后会详细叙述），而是由聚落依据惯习实施。

　　20世纪80年代初期，各自聚落的"承包区"数量，从下游算起分别是岩崎四个、府屋十六个、堀之内八个、大谷泽八个、温出八个、塔下九个、迟乡一个、杉平一个、岩石六个。迟乡和杉平"承包区"数量少的主要原因是渔民的数量少，而且渔场质量不高。因为鲑鱼是从下游洄游，理所当然的，越是下游捕获到的鲑鱼数量就越多。因此下游聚落的"承包区"，就被特别细致地划分成左岸右岸，而塔下和岩石等上游聚落，"承包区"会把左岸右岸划分到一起。另外，一个个"承包区"的长度也是越到上游越长。那是地处不利条件的上游地区所采取的特有的对策。

　　界标多选取那些在河川周围比较显眼并且不能移动的东西。树木、岩石、沼泽、小山等自然参照物以及电线杆、护栏杆的支柱，桥或者家的屋顶等人工参照物，都可以用来当作标志，而渔民们对于自己聚落的"捕鱼片区"，在哪儿有什么样的标志等边界划分，当然是十分清楚的。比如说在大谷泽，就有如下的划分方式，且为渔民们所共识。

　　大谷泽村有八个"承包区"。大谷泽村与河流上游聚落的温出的界

图7 20世纪80年代大谷泽地区"承包区"的边界划分（依照国土地理院的空中拍摄图绘制）

标，左岸就是大谷泽桥桥下的电线杆。从那里开始向下游划分出第一、二、三、四"承包区"。第一和第二"承包区"以木桩为分界；第二和第三"承包区"以小溪为界；第三和第四"承包区"以胡桃树为分界。

并且，第四"承包区"的下边界是与堀之内的分界点。与下游的堀之内村之间，边界是连接聚落一侧的山坳处，与大谷泽村一侧名为金山的岩石凹陷处之间的连线。从那里向上游算起，在右侧河岸连续分布着第五、六、七和第八"承包区"。第五和第六"承包区"以河流护栏的木桩为分界；第六和第七"承包区"以护岸[1]的石块板为分界；第七和第八"承包区"以胡桃树为分界；第八"承包区"与河流上游的温出村之间以落叶松为标记。对岸"承包区"的分界线是河流的中心线。

● 河川分配

"承包区"在每年捕鱼期之前会划分给个人。渔协承认各个聚落对于渔场的管理，与之相对应，要求各个聚落缴纳捕捞鲑鱼的管理费，用于维持渔协的运营。为确保鲑鱼的管理费足额上缴，在20世纪80年代初期，各聚落以向鲑鱼渔民竞标的形式划分"承包区"，这种竞标的方式称之为"河川分配"。

一般来说，对于能够大量捕获鲑鱼的下游聚落，渔协会设定收取较高的捕捞管理费。通常，渔协会综合考虑上一年度鲑鱼的捕捞量，对每年收取的费用进行调整。每年为确定收取的费用金额，他们都要进行谈话协商。在这种场合中，聚落的代表们都会尽其所能，力争将自己聚落所负担的费用压至最低，并为此争论不休。一旦确定了要缴纳的捕捞管理费，就要求鲑鳟部门全体会员都必须上缴。为了确保费用的上缴以及避免全体成员对于渔场的划分起争议，一直以来竞标都被视作大川最为令人信服的渔场划分方式。

除塔下村选择在8月7日这天，其他8个聚落都选在8月15日进行河川分配。这一天是"杂费分配日"。这里所说的杂费也被称为"村杂费"，包括村物业费以及自治运营产生的费用。在"杂费分配日"这

---

[1] 增强河岸、海岸的堤防等，防御洪水、涨潮等水灾。亦指其设施。

一天，村里的所有人都聚集在一起，他们会对去年的收支进行财务决算，并缴纳上半年的杂费。村民大会结束后，就可以进行河川分配了。相比之下，塔下村的"杂费分配日"提前了一周时间，河川分配也比其他聚落早。也正因此，其他聚落的人们便都会聚焦塔下村的分配状况以预测该年的竞标行情。如果塔下村的竞标相对低调，也会对其他聚落的竞标造成影响。为此，各聚落渔协的总代表甚至会特别叮嘱本聚落渔民，不准他们去打听竞标结果。

当天竞标开始之前，参与竞标的渔民们事先会一同去承包区查看。在此过程中，他们会确认各自想要投标的承包区的边界并对其优劣进行评估，同时也会确认每个聚落捕鱼片区的边界。在大川，对于聚落片区边界的确认要比对各人承包区边界的确认更为谨慎。因为如果不事先做好确认，就有可能会导致捕鱼期开始后，聚落之间产生纠纷，所以必须在双方聚落的人都到场的情况下，进行渔场边界的确认。由于每个聚落都对自己的渔场片区有着强烈的占有意识，所以对渔场边界确认这件事更为敏感。事实上已经发生了多起因边界划定问题引发的聚落间的争端。

渔民们事先确认好渔场边界之后，就会聚集到公民会馆，开始竞标。首先，抽签选出要投标的承包区的编号，然后根据编号的顺序竞标。参与投标的渔民们根据自己对承包区优劣的判断，将心理价位写到竞标单上，然后由中间人统一回收。收齐后，主持竞标的渔协总代表会向大家确认是否有人想要更改投标金额。这个调整最终金额的过程被称为"加减"。想要增加投标金额的人为"加"，想减少的人为"减"。"加减"过程结束之后，总代表就会开箱唱票，再将"加减"的金额计算在内，最终确定全体人员的投标金额。最后，投标金额最高的人的名字被叫到时，大家会击掌以示通过。

"击掌"既表示各个承包区竞标结束，又表明了成员对竞标结果的一致通过。竞标结束后，既会有非出本意而中标者，也会有未偿所愿落标之人。此时，击掌的仪式就有了重要含义，即让大家都接受这种并

图 8　堀之内与大谷泽的渔
场片区边界确认（1）

图 9　堀之内与大谷泽的渔场片区边界确认（2）
每个聚落都对自己的渔场有着强烈的占有意识，所以对待边
界的确认也显得更为敏感

图 10　承包区边界的石头上写的文字
渔民对自己的承包区有强烈的占有意识

图 11　20 世纪 80 年代的竞标场景

非本意的结果。实际上，事后渔民之间还可以通过私下交涉，出让或者交换承包区。但是中标的金额不会发生变化，不可少纳分毫。

　　每个承包区的竞标都与上述过程相同。竞标结束后，中标者会当场预支一部分款项，剩下的会在十二月七日的"尾款结清"日缴纳。

● 河川边界的变更

　　中标后，渔民对承包区的使用权限在这一季中不再发生改变。并且渔民之间严格遵守已划分的承包区边界线。因此即使承包期间遭遇洪水、河川状况变化，也仍然要在划定片区内完成捕捞作业。例如我们假定渔民以高价竞拍了一片有利的承包区，内有产卵温床，鲑鱼十分喜欢这里的环境并聚集于此。通常情况下，这片承包区是可以捕捞到大量鲑鱼的宝地。但若运气不佳遭遇洪水沙石堆积，不见了鲑鱼形迹。即便如此，当事人也只能感叹时运不济而别无他法。要么是用锹重新将鲑鱼产卵温床及其附近清除干净，要么只能对着同伴倒倒苦水。

　　不言而喻，越界使用他人承包区的行为是不被允许的。一旦被聚落的人们发现有人侵犯别人领地，那么他便会在一夜之间名声扫地，因此没有人会荒唐冒险。另外，如果是自己承包区的鲑鱼挣脱渔钩游窜至隔壁承包区，除非它自己游回来，否则不可以越界捕捞。当然，得到别人允许后是可以进入其他渔民承包区的，同时我们也能够想象，没有渔民可以宽容到将进入自己承包区的鲑鱼拱手让与他人。

　　而且，对于出于好意帮忙相邻承包区捕捞鲑鱼的行为也是不为大家所接受的。鲑鱼捕捞的渔民中不乏年长者，他们有时很难捕捞到鲑鱼。这种情况下，如果位于其下游承包区的渔民出于好意帮忙的话，上游承包区的渔民一定会十分不满。因为前者的承包区没有完成捕捞的话，也就意味着有更多鲑鱼可以进入他的承包区内。

　　就像这样，在捕鱼期开始后的这一季当中，涉及承包区的问题是绝对不可通融的，但是在下一季开始前，承包区的范围及边界是可以变更的。塔下聚落保留着自 1968（昭和四十三年）至 1977（昭和五十二年）年 10 年间的"河川账本"，账本上记录着承包区名称（仅塔下聚落为承包区确立了名称）、竞标者、竞标金额、当年的承包区划分方法、集资方式、集资收支、承包区界线变更等事项。由于竞标管理以聚落为单位进行，因此自明治时期起这些账本就作为聚落的文献被传承下来。但令人遗憾的是，大多数的古老账本已经遗失。翻阅现存的账本，我们会发现其中记录了多次承包区边界变更的情况。

根据"河川账本"，塔下聚落在 1967、1970、1973、1977 年曾变更过承包区边界。1968 年的账本记载了 1967 年承包区边界的变更，由此可知承包区边界确实是可以变更的，只是其详细内容仍不明确。1970 年的账本详细记载了边界变更的相关事宜，可以想象边界的严格规定对于捕捞鲑鱼的渔民的重要性所在。

一、将边界作如下更改。

九号田尻区和十号笹平区的边界，是以从和留泽桥塔下方下游的巨大柱子的中心开始，到另一侧的高瀬水路石积工部分上游一块突出的岩石的中心所连成的一条线来划分，这条线上游是九号田尻区的边界，下游是十号笹平区的边界。所以十号笹平区的范围从七号区八号区的边界到上面提到的这条线为止，而紧接着从十号区的边界到中川原的堰堤处，则是九号区的边界。

在当时，塔下有十四个"承包区"，上面提到的是"河川账本"中关于"九号田尻区"和"十号笹平区"这两个"承包区"边界变更的记录。本来这两个承包区是以河川为中心线相对分开的两片区域。因为九号田尻区在笹平那侧的渔场荒废了，所以才重新调整，区分成上下游两片区域。

1973 年实施的界线变更更为大胆，"三号桃之木瀬区"和"四号中川原区"直接合并成了一个"承包区"。在这之后四号区便不存在了，

1977 年的界线变更再次复原，而且还复原了之前早就废止的最上游地区的"十五号柳平区"。也就是说，"承包区"数量由原来 1973 年的十三处增加到到十五处。这与渔协征收的管理费上涨有很大关系。当时，渔协为了刺激低迷的捕鱼量，采取了积极投放鱼苗的措施。鱼苗投放的数目，从 1968 年不超过 77 000 尾，1975 年一举增长到 159 万尾。其中需要的费用自然就增加了。最终，渔协决定补贴款不足的部分，由沿岸地区的聚落负担。因此，塔下承包地区的管理费，从 1968 年的仅有 2 200 日元，慢慢提高到了 1976 年的 15 万日元。为了尽可能地减轻鲑鱼渔民们的负担，最省事的方法就是增加渔民的人数。恰好，投放鱼苗初见成效，捕鱼量呈现出增长的趋势，鲑鱼渔民们积极参与竞标，承包区的数量也就有了增加。如上所述，"承包区"的划分，是根据河川状况的变化以及竞标的可操作性，或者说打算从事捕捞鲑鱼的人数进行调整的。

第二节　作为共有财产的河川

● 河川的定价

接着从竞标来说，各个"承包区"通过竞标进行标价。之前提到过，大川的鲑鱼渔民们对于鲑鱼是从河川的哪个地方洄游的，在哪儿产卵这些生态知识非常了解，由此，他们自然熟知哪块"承包区"最适合捕捞鲑鱼，而哪块不适合捕捞。竞标就是以这些判断为基础来定价的。

根据前面提到的"河川账本"，我们可以得知从 20 世纪 60 年代到 70 年代的这段时间，"承包区"之间的价格差异非常之大。例如在

1968 年 的 竞 标 中，便 宜
的"承包区"有位于最上
游地区的"十一号新田一
侧区（201 日元）""十二
号 TATENA 平 区（115 日
元）""十三号砂子渊区
（165 日元）""十四号林之
下区（220 日元）"。然而，
被视为最好"承包区"的

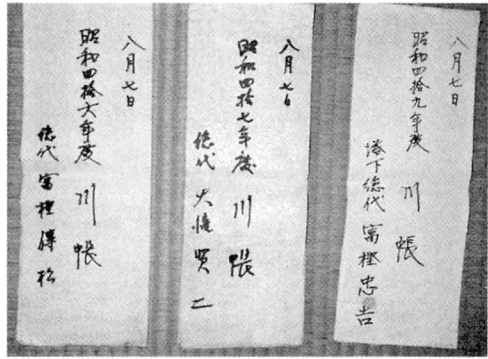

图 12 "河川账本"

"十号笹平区"其标价却高达 13 820 日元。最低和最高的中标价格之间
竟然差了 120 倍。这样的价格差异，是综合考虑了鲑鱼洄游的可能性以
及捕捞的难易程度等要素的。这 120 倍的价格差，缘于当时大川整体的
鲑鱼洄游量少，从洄游量来看上游是处于绝对不利状态的现状。实际上
因为投放鱼苗奏效的缘故，1977 年鲑鱼的洄游量增加到了 1968 年的 6
倍，也因为鲑鱼洄游可能性的提高，所以上游地区的标价也水涨船高。
顺带一提，1968 年和 1977 年相比，"十一号新田一侧区"定价增长了
约 43 倍（1977 年的标价为 8 550 日元，以下也都为 1977 年的数据），
"十二号 TATENA 平区"增长了约 42 倍（4 850 日元），到"十三号砂
子渊区"则一下子增长了约 99 倍（16 300 日元），"十四号林之下区"
增长了约 80 倍（17 550 日元）。

从上述投标金额的变化可以看出，渔民们会根据长时间跨度下观察
河川情况所积攒的经验以及短时间跨度内的突发状况来对"承包区"的
价格进行慎重的判断。

● **河川是聚落的财产**

关于上述鲑川的存在方式，后文中会进行详细说明，总之其在历
史上的表现不尽相同。对于其他聚落来说，渔场具有排他性，即鲑川归

属于聚落，这一性质一直延续了下来。鲑川的利用，在 20 世纪 80 年代时，就已经不面向全部聚落成员开放。例如大谷泽村，三十户人家中有二十六户（约 86%）；塔下村中，二十九户人家中有十六户（约 55%）加入了鲑鳟部门，拥有鲑鱼捕捞的权利。聚落中有大半住户，他们的生活与拥有鲑鱼这一共有资源的大川息息相关。

上述状况的形成是由于二战后渔业制度的改变或是在作为经济活动的鲑鱼捕捞逐渐丧失其意义后，渔民们也逐渐放弃了他们的鲑鱼捕捞权利的结果。最初，鲑鱼捕捞这一活动对聚落内部的家家户户都是平等开放的。

例如 1928 年（昭和三年）制定的"入村规约"，其中就包含"履行义务之后允许加入鲑川渔业"的内容。也就是说，聚落的所有成员均拥有鲑鱼捕捞的权利。鲑鱼捕捞是聚落运营自治的一环。

塔下村还保留有历代总代有关运营自治的记录——"总代日志及出纳书"，其中有关于河川分配的记载，由此我们可了解到，河川分配是由聚落的总代负责管理的。1923 年（大正十二年）8 月 7 日的"日志"中提到"8 月 7 日，按照惯例，召开了聚落集会，就村杂费及其他事宜进行讨论……并进行了河川分配与竞标"，可以得知聚落集会与河川分配是在同一天进行。即使在现在，几乎所有聚落都将大川投标的日期定为聚落召开"聚落集会"的日期，同时也是缴纳村杂费的日子。集会结束后，村民会进行鲑川投标（河川分配）的活动，这在之前的叙述中也有提及。但因现如今聚落成员与鲑鳟部门成员并不一致，所以聚落集会由区长（以前也被称为总代）负责，河川分配则由渔协的总代负责，分别安排进行各自的事项。而以前河川分配作为聚落的官方活动，这一块事项是由聚落的总代全权负责的。

我们不仅要着眼于参与鲑鱼捕捞的人们的变化，也须关注鲑鱼捕捞的利益分配方法的变更。现在是用竞标的方法分配渔场，最终收集到的竞标款如同前述所言，充当向渔协缴纳的管理费，但像这种将鲑川的收益以返还给渔协为主要目的的情况，是在 20 世纪 70 年代，也就是以山北町全域为对象的山北町大川渔协成立之后的事情。在此之前，是将收益平等地还利于聚落或聚落成员。即便如今，很多大川乡的人们还会异口同声地回忆道"以前，从鲑川中获得的收益，几乎可以抵消掉村子所必要的各种花费"。这正是大川作为共有资源而言，我们需要特别留意的地方。

从上文提到的 1923 年（大正十二年）塔下村的"日志"来看，当年 10 月 5 日竞标时征收资金的一半分给了当地民众，平均每户分得 6 日元 15 钱。10 月 30 日，又从余款中扣除了竞标时的各项花销及 10 月 8 日在塔下的镇守金峰神社举行秋季祭祀仪式的花费，剩余资金平分到每家每户，一户分得 5 日元 60 钱。即通过竞标取得的收益，除了一部分用于支付举办聚落重要祭祀活动的费用被纳入"村杂费"之外，剩余资金都由当地民众按户平均分配了。毫无疑问，竞标时获取的收益是集体共有的财产。顺便一提，1923 年的米价大约是每 10 公斤 2 日元，这样每家平均分得的 11 日元 75 钱，相当于 58 公斤左右的大米。当然，塔下的民众仅凭这些分红是不能养家糊口的。但在当时经济发展水平较低的年代，在这片冬天被深雪覆盖的土地上，对于只能靠外出打工来维持生计的人们而言，这种临时性收入无异于上天的恩赐。

这种鲑鱼捕捞活动体现出的聚落管理以及由聚落住户平等分享"承包区"收益的共同利用制度，我们无法确认其开始的时间。但可以确定的是一直到 20 世纪 70 年代，当地仍旧传承着这一制度。

● 谁是聚落共有资源的受益者？

根据塔下村保留的"河川账本"的有关记录，该村在 1968 年（昭和四十三年）的竞标中，总共入账 32 803 日元的竞标资金。除当年上缴给渔协的 2 200 日元管理费之外，剩余的 30 603 日元被平均地分给了聚落的 26 户人家。但此处需要注意的是，这 26 户人家并非塔下村的全部住户。

事实上，1968 年的塔下村一共有 29 户人家，但竞标鲑鱼捕捞承包区的资金却没有分成 29 份。原因很简单：有三户人家并没有加入聚落，即不承认是聚落的正式成员。根据塔下村《入村规约》的内容显示，聚落的原有住户分家出去以后，只要是在村内有住房，就自然成为聚落的正式成员。但是外来户想成为本村的正式成员，除了在本村有固定住所，还要经过两年以上的居住考察期，在此基础之上，还要获得聚落里其他成员的认可，并缴纳入村金。在此之前，这些住户都只能算作"半户"，负担一半的村杂费，同时像正式成员一样，为村里的土木建设工程出劳力，还要轮流值宿。在此过程中，村子会考察他们是否适合成为聚落的正式成员。等到这些住户真正成为了聚落的一分子之后，才会如前文所描述的那样，让他们参与到大川鲑鱼捕捞中。

　　成为村子正式成员以后，外来住户既可以参与到鲑鱼捕捞事业中，也可以参与聚落的渔场收益分配。虽然在前文中，我们曾解释过只有居住在九个聚落的人可以加入鳟鲑部门，但准确来说只有各聚落的正式成员才有资格加入。与日本其他的传统聚落相同，仅仅是居住在聚落内、占有地理意义上的聚落空间是不够的，重要的是获得聚落成员的认可，占有社会性的地位才会被承认为聚落的一分子。如上述这般，聚落设定的各种限制，充分说明了鲑川作为聚落的财产、村子的共有资源所具有的重要意义。

　　1968 年有 26 户人家参与了塔下村的渔场收益分配，平均每户分得 1 177 日元，1969 年每户分得 2 385 日元。1970 年，塔下村新增了一户正式成员，于是有 27 户人家参与了分配，平均每户分得 1 325 日元。1971、1972、1973 年每户相继分得了 2 111、1 900 与 4 100 日元的分红。

　　那么，村民们从聚落中得到的这份分配资金究竟价值多少呢？我们通过与当时塔下村村民缴纳的村杂费作对比，就能大致推算出来。塔下村保留的《杂费分配表》详细记录了各项村杂费明细。该表显示，1968 年每户聚落正式成员（这里指不需要缴纳共有山林固定资产税的普通渔户的一户）平均要缴纳 3 225 日元的村杂费。换言之，从鲑川中获取的分配资金可以冲抵缴纳款中约 36% 的费用。这一点在 1969 年表现得更加明显：当年的村杂费为 2 484 日元，而其中约 96% 的部分完全可以用分配资金抵消掉。对比鲑川收益分配资金与缴纳村杂费的多少，我们可以发现：1970、1971、1972 年的分配资金冲抵村杂费的比例分别为 45%、71%、57%，而在 1973 年更是达到了 124%，即不仅能冲抵掉全部的村杂费，甚至还有剩余。正因为这样，大川乡的人们总会怀念过去，因为"在过去，鲑川收益分配的资金足以支付村落的各项费用"。

但是到了 1974 年，竞标资金分配到户的制度被废止。其中的原委我们不得而知，总之投标剩余资金被划入了"总代名义下的周转资金"（用途不明）款项中。1976 年，"二十七户均分"制度又得以启动，每户分得了 830 日元。第二年即 1977 年，最终给予聚落以及聚落成员的资金分配制度彻底消失。

这是因为在上一年度的时候，现有的山北町大川渔协开始将其他河川的业务合并在一起，鲑鱼捕捞的主要经营活动也已经转移到新的机构的缘故。其背景是源于作为新潟县指导方针的定位，他们不认可传统的鲑鱼捕捞活动，而是强力倡导作为鲑鱼增殖项目的现代化捕捞。从那时起，承包区竞标的款项便不再与聚落有任何关联。在那之后，从竞标资金中扣除管理费后的剩余资金转由加入渔协的鲑鳟部门成员平均分配。1977 年，渔协的 19 户成员各分得 6 960 日元。分配后剩余仅有的 72 日元被纳入"村杂费"款项。

如上所述，进行鲑鱼捕捞活动的大川，并不只是简单的共同利用、共同管理的资源。作为"共有资源"的大川其收益，在满足聚落这一地域共同体的集体福利的同时，被进一步平等地、至少在形式上平等地还利给了"共有资源"的主体。世界上存在着许多的"共有资源"，而在其中，作为"共有资源"的大川流域的社会性大放异彩。这里需要补充一点，这一"共有资源"并非对所有人开放，而是积极排斥那些不被认为是本村村民的人。从这一点可以看出，我们也不能对"共有资源"的"平等性"及"公正性"抱有过高期待。

20 世纪 70 年代，作为聚落共同财产的这部分收益大幅降低。同时，渔场使用所涉及的排他性问题在各聚落依旧存在。也就是说，渔场作为聚落共有性资源的特质依旧被维持着。像这样，大川这一共有性资源，或者说围绕这一资源而发生的人与人之间共有的生活世界的状态，伴随着历史长河演变至今，并且不断发生着变化。接下来，我将从历史的视角入手，对大川乡民众延续至今的鲑鱼捕捞及其背后起支撑作用的共有性世界的变化进行梳理，进一步思考共有资源的生成及其演变。

第四章
近世下共有资源的历史演变

宽政年间围绕河川发生了争端，在和解之后上游村落与府屋町、岩崎村之间签署了口头约定书

第一节　共有资源的诞生

● 鲑川的诞生

近世时期，当地民众也在积极地利用大川开展渔捞。在近世的大川，鲑鱼和香鱼是主要捕捞的鱼类，也是征税的对象。在大川另外还栖息着褐三尺雅罗鱼、马苏大马哈鱼、七鳃鳗、杜父鱼等鱼类，但可能因为数量较少，没有成为征税的对象，所以在史料上也没有记载。但我们也不认为河川两岸民众会刻意控制其数量，他们会做到满足自家消费。虽说对这些鱼类的捕捞活动规模并不大，但不能否认其存在的事实。另一方面，对于高资源价值的鲑鱼及其渔场，由于河道两岸及聚落管理十分严格，因此相关记载就会经常出现在大川乡的史料当中。

我们可以从清单表和赋税相关的地方文献中了解到鲑鱼捕捞的情形。就我所知，收存于杉平村的 1720 年（享保五年）的《鲑川官方缴纳制度》,[1]是最早的直接记载鲑鱼捕捞活动内容的文书。那时在大川沿岸的其他聚落，同样记载赋税相关的地方文献中，也能够看到《鲑川官方缴纳制度》的字样，说明各个聚落都承担了该部分赋税。位于大川乡南面的下海府寒川村（现在的山北町寒川）在 1642 年（宽永十九年）的分配簿中，已经有了对"鲑川税"的记载，据此推断，近世初期山北一带就开始有了鲑鱼的捕捞活动，并且作为维持生计的手段得到公认。而在 1747 年（延享四年）关于堀之内村和大谷泽村河川分界之争的记

---

[1]　山北町史编辑委员会编《山北町史·资料篇》, 山北町, 1987 年 b, 第 180 页。

载中，第一次确认了"固笯"的存在。

　　作为补充，1765 年（明和二年）在府屋组（现在的大川乡）各村之间互换的《明和协议书》[1]中，作为间接的"口承约定"，记录了 17 世纪初期大川进行鲑鱼捕捞的事宜。这份协议书详细记录了近世初期鲑鱼捕捞活动的由来。根据这本书的记载，之前府屋町有一个叫富樫善七的人，担任"海川奉行"[2]一职，每年都负责从河川的渔民那里征收官府"费用"。我们并不能确定这里的"之前"究竟是什么时候。但是从 1619 年（元和五年）"村上城主堀丹后大人在任时期""海川奉行清水与物右卫门大人、野濑小兵卫门大人"来访善七，并就"鲑川管理费"进行商讨一事的记录便可以得知，富樫善七就任这个地区的"海川奉行"是在这之后的事情。"堀丹后大人"就是指堀直寄，于 1618 年（元和四年）从长冈到村上受封，统辖包括山北的岩船一带地区。

　　当时到访大川乡的"海川奉行"大人下令，有一杆渔叉就要上缴二文目五分银钱的缴纳金额，同时关于渔场的利用他也做了非常重要的决定。那就是"海川入会"制度。

　　所谓"入会"，就是指指定地区内的民众拥有特定的权利，他们可以共同利用山野河海以及其中存在的一定的资源，体现了日本式的"共有资源"。因为没有史料记载，我们无法了解大川乡中世时期渔场的使用情况，对于这一时期确立的入会形态也不得而知，是源于当地惯习基础之上的认定，还是来自堀家统辖下的新规政策？但至少我们可以确定，大川存在的"入会"这一资源利用的方式，最迟在江户时代的早期已经得以成立。只是这一共有形态的存在方式，并不像现在我们在大川看到的那样，以聚落为基本单位，而是以稍微更大一些的"组"为单位存在。换言之，这里的"入会"是"组"形式下的地域性"入会"。

---

[1]　山北町史编辑委员会编《山北町史·资料篇》，第 335—337 页。
[2]　奉行：日本存在于平安时代至江户时代的一种官职。译者注。

● 村庄联盟下的鲑川管理

理解江户时代农村的存在形态，首先需要理解其管理制度。

对于农村的人们来说，村庄、换言之聚落（共同体）是他们最为根本的生活基础。它以各个村的形态，理念上将空间领域进行明确的划分，各个聚落即为承担缴纳年租税以及开展依法管理、测量等共同事项的基本单位。于统治方而言，它是统括村民的单位；于农民而言，它是维持生计必要的共同体系单位。在大川乡，以聚落形式延续至今的共同体到近世时演变成为村落。村落中，有村长这样的村干部，他遵照代官[1]与奉行的指示管理和运营村庄。

同时，各个村庄又联合形成了名为"组"的更大的单位。"组"由村庄联合组织形成，是地缘性的结构体系。这是一种行政性机构，它将领主的各种政令下传至各个村庄，与村庄配合完成征缴税费与赋役的工作。不仅如此，它还扮演着地域中协调村庄和谐共处的地域自治组织的角色。它的负责人被称为"大村长"，负责协调各村子之间的问题，执行代官、奉行等人的命令。大川乡在权限上与近世时的"府屋组"相重合。府屋组由十二个村落构成，包括府屋町（现在的府屋）、岩崎村（现在的岩崎）、堀之内村（现在的堀之内）、大谷泽村（现在的大谷泽）、温出村（现在的温出）、杉平村（现在的杉平）、迟乡村（现在的迟乡）、岩石村（现在的岩石）、塔下村（现在的塔下）、荒川口村（现在的荒川口）、朴平村（现在的朴平）与中浜村（现在的中浜）。近世初期，除了伊吴野还未从中浜村分离出来，其他的大多数聚落，至今仍以大川乡的形式存在，相互之间有强烈的地域意识。大川乡从近世时作为府屋组的形式存在至今，历经数百年其结合方式依旧牢固，当地民众从事鲑鱼捕捞，该机构按照一定的方式管理鲑川。

---

[1]　代官：江户时代的地方官，负责收缴年供或一般民政。译者注。

近世初期，上述府屋组的组织单位是以鲑川为中心形成的共有世界的最基础所在。元和五年，根据海川奉行制定的"海川入会"指示，鲑鱼捕捞被确立为"组中一统海川共入会"。但这并不意味着由"组"对鲑鱼捕捞进行完全统一的管理运营。组中一统入会制度确立之后，首先要求府屋町的渔民们上交一百七十一文五分银的鲑鱼捕捞承包款。这并不是说府屋町的渔民们可以独占权利，只是表明由他们代表府屋组来承包。事实上，这个上缴承包款是由府屋组经过讨论重新划分到各个聚落。即全部的聚落共同承担承包款。

那时，大川已经出现了固筌和定刺网，协议书中对此也有记载。具体情况虽然不甚明晰，但可以得知，当时的河口区域已经实施了渔场划分，只是不同于现在明确划分的捕鱼片区及承包区。定刺网的渔场位于设有固筌的片区下游。它通过使用浮漂，令网浮于水面上，并与水流方向构成直角，以此缠绕住洄游的鲑鱼。定刺网是一种效率极高的捕鱼方法，现在的大川已经看不到这种捕捞方法。

即使是翻阅 17 世纪初期的相关记述，我们也已经无法找到在现今大川依旧观察到的有关各个村庄之间渔场片区划分的内容——但这不是说其不存在。可以肯定的是，那时已经诞生了建立在组的地域单位基础上的、围绕鲑鱼捕捞的共有性世界。

● 从村庄联盟转向以村庄为单位的鲑川管理方式

1765 年（明和二年）的鲑鱼捕捞协议书中写道，17 世纪初，担任府屋町"海川奉行"的富樫善七原是具有"扶持人（即士分格）"[1]身份的官员，后来他搬家到村上（今新潟县村上市）后，便将原本在府屋町的官位转让给当地一位叫新九郎的老百姓。新九郎接替了富樫氏的工作，负责继续征收税款上交官府。新九郎是身份低微的农民，即便如

---

[1]　扶持人：因武士身份接受粮饷、俸禄的人。士分格：武士身份。译者注。

此，富樫善七所享有的免除徭役及府屋町所配给的"三斗五升"大米的待遇，仍然延续了下来。府屋町认为给平民百姓这样大的权利与身份不符，恳请大村长来担任"海川奉行"之职，最后这一请求被通过。1663年（宽文三年），居住在岩石村的府屋组大村长左吉接手了征收税款一职。当时，左吉沿用了"壱村切"制度，也就是以村为单位，每年对"渔叉、固笯、流网"等渔具的数量进行统计，按照渔具数量分配每村需要缴税的金额，并进行征缴工作。

过去了 54 年之后，1717 年（享保二年），府屋组被划归成幕府领地，大村长左吉也从府屋组退职，自此之后幕府下达了将"之前以组为单位缴纳"的鲑川税，改成"每村为单位征缴赋税"的政令。这对大川的鲑鱼捕捞活动来说是一个重要的节点，因为鲑鱼捕捞的方法和渔场的使用形态会受到当时缴纳税米、税银等事实以及纳税方式的影响。之前是"组税"，也就是以府屋组为单位统一上缴税款，而变成"村税"后，划定渔场的意识便随之产生，并且有了很大的变化。这项命令的颁布，促使了（或是说复原了）鲑鱼渔场被看成是村落领地意识的产生。渔场和捕鱼法令是统治者征缴税米、税银的直接保障，可以说"村税"政令的施行，明确了鲑鱼捕捞活动被纳入到村落的管辖之下。

事实上在这个节点之前，也就是在这条政令还没有颁布前，荒川口村、塔下村从组税时代便开始推行了村落整体纳税。之后，温出村、堀之内村、府屋町、岩石村也相继将鲑川税作为自己村落的赋税，演变成各村缴税的形态。也就是说到 17 世纪中期，以组的形式征缴鲑鱼捕捞税的制度，在实际运用层面越来越贴近现实，一部分流于形式化。事实上到 18 世纪初以村落为单位纳税的形态已成为既定事实。

原本在 17 世纪初存在的"组中—统海川共入会"的鲑川管理形式，经过不同人的管理之后，逐渐自发地转向村落管理（或是说恢复村落管理）。这种变化通过 18 世纪中期村落之间围绕鲑鱼渔场边界问题爆发争端的历史也能知晓一二。也就是说各个村落已经意识到拥有鲑鱼的河川属于本村的领地范围，这种排他性圈地意识在近世中期已经深入人心，并且更进一步影响到现代鲑鱼渔民对于共有资源的大川的认识。

第二节　共有资源引发的争端

● 聚落间的河川之争

正如前文所言，即使是现在鲑川渔民们在决定"承包区"的"河川分配日"当天，在竞标之前依然会慎重地前往现场，对以聚落为单位的边界进行确认。因为若不事先做好确认工作，就有可能导致捕鱼期聚落间发生纠纷。到了近世，鲑川具有的经济意义愈加突出，因此每个聚落对自己渔场的占有意识也就更为强烈，对待渔场边界的确认也会格外神经质。

1745 年（延享二年）冬，堀之内村与大谷泽村就发生了一场关于鲑川渔场的纠纷。根据文书记载，[1] 那年 12 月，当事人之一的大谷泽村向鹤岗的川端官府就与堀之内村的渔场纠纷提起了上诉。事态愈演愈烈，若任由情况恶化下去，那么两个村落都会受到惩罚。因此官府先命在当地很有影响力的府屋町村长平兵卫与小俣村（大川上游小俣组中的一村）村长长左卫门，"秘密"调解、处理两村的纠纷，即非公开地私下解决矛盾，争取在不进入诉讼环节的情况下使双方达成和解。1746年，担负调解职责的两村村长与大谷泽村及堀之内村的村长们、地方领头人、有权势的村民们，共同前往现场考察渔场片区情况，并在此基础上商定了解决方案。

在此之前，两村对范围内的浅滩进行四六开管理，大谷泽村为六，

---

[1]　山北町史编辑委员会编《山北町史·资料篇》，第 334—335 页。

堀之内村为四,如此每夜轮流使用。经测量,该浅滩长度为 68 间(约为 124 米),按 4 : 6 的比例划分给两村使用。这样一来,从河川变细的地方开始向上游延伸,这段大约为 27 间 1 尺 2 寸的河滩归堀之内村所有,而从"金堀场"向下游延伸出的 40 间 4 尺 8 寸的范围为大谷泽村所有。同时两村还在河川分界处设立了界碑,并交换了证明文契以保证双方遵守划分好的边界。对两个村子来说,明确地划分河川边界是件极其重要的事,甚至在两年后的 1748 年(宽延元年),为了慎重起见,除了原有的界碑,两村还在堀之内村境内一条村民取水的小河旁新打了一个桩,以进一步明确边界。

通过借助当地有影响力的人的斡旋以及当事人之间的协商,这场纠纷勉强得以解决,且两村都认同并承诺"两村应长久坚守河川边界,毋得肆意越境"。

大谷泽村与堀之内村的渔场区边界之争看似顺利落幕,但别说"长久坚守"了,不过三十年光景,即 1782 年(天明二年)两村又再次上演渔场纠纷,而且这次争端比延享二年的更为激烈。

● "村川"的确立

1782 年 10 月 1 日,大谷泽村在四处地方安置了固笯。但是堀之内村村民久右卫门和治右卫门兄弟二人却冲进了大谷泽村村委督查才次的家中。二人宣称对方在河川中安置的固笯有越界嫌疑,要求大谷泽村进行调整。

10 月 5 日,堀之内村村民吉藏家的儿子又一次来到才次家,要求撤去固笯。但大谷泽村是不会言听计从的。才次回应道:"村里的固笯已缴纳过鲑川管理费,因此不能答应你们的要求,待村长和大家商量后再给你们答复。"但吉藏家的儿子并没有回到堀之内村,不仅如此,他还召集了本村的村民在超出两村河川边界 20 间(约 36 米)处安置了固笯,并以"防洪工程"为借口拆除了大谷泽村的四处固笯,甚至抢走了渔具。大谷泽村对此表示抗议，但堀之内村却不予理会。当时参与的人数众多，斗殴事件一触即发。

大谷泽村为平息混乱，暂且表示让步，请求渔协的管理者们协调解决此事。管理者要求堀之内村按规矩重设固笯，遵守河川的分界线，但堀之内村并不接受。这般情形之下，大谷泽村不得已，又拜托先前成功调停延享纠纷的府屋町村长平兵卫及小俣村村长长左卫门，但堀之内村仍旧不予配合。

当时确定的鲑鱼鱼汛期仅有 60 天，因这场混乱，鲑鱼捕捞活动完全不能正常进行。这个时期内，两村分歧十分严重，尤其是固笯放置场所的问题争执不下。11 月 12 日，河川边界纠纷发生一个月后，众多堀之内村的村民再一次聚集到大谷泽村。这次他们准备损毁"前川原"的麦田来大闹一场。对大谷泽村来说，麦子是年贡租税，若被破坏，后果不堪设想，因此大谷泽村提议通过对话的方式解决问题，但堀之内村并不领情。最终二反大小的麦田变得一片狼藉。

在地方管理者不能解决这一问题的情况下，大谷泽村最终告上了官府。延享纠纷通过私下协商的方式得以和平解决，这也彰显了地方裁定的效力。然而到了天明纠纷，地方裁决失去了效力。

上面的记述，因为是以大谷泽村的起诉书（即前面提到的书第338—339 页）为蓝本列举的，所以是站在大谷泽村的角度对事情加以叙述。当然，这属大谷泽村单方面的主观性陈述，而并非堀之内村的说法。堀之内村自然也有他们自己的主张，以及他们采取这种行为的正当理由。虽说从延享年间到那时已经经过了大约 30 年，但是他们都不可能忘记当时的争端与私下协商解决的约定。事实上，在大谷泽村的起诉书中，清楚地记录着之前互换证明文契时所写的"将河川四六分，以界碑为界"的内容。两者无视约定事实发生争执的理由，也大概正在于此。因为没有第一手资料，所以下面的说明也只能是一种推测，那就是可能与同时期发生的天明大饥荒所造成的社会经济状况恶化有着直接或者间接的关系。

总之，通过发端于渔场分界问题的一系列事件，我们可以得知在18世纪中期，大川沿岸的各个村落开始意识到河川作为自己村落领地、拥有鲑鱼资源的属性，并以村落为单位确保其使用与收益。虽然其具体的表现方式与现在稍微有不同，但是鲑川渔场作为"财产"，其对于村民们是重要的维持生计的资源，这一点是毋庸置疑的。涉及河川分界的决定，是关乎保全村落鲑川的重大事务，坚定地确保应有的渔场范围，是关乎村民的生计底线问题。因此，堀之内村会使用如此过激的方法来行使权力。

虽然现如今已经没有类似这样过激的边界纷争了，但是只要涉及自己聚落的河川划分边界，村民们还是会十分神经质。因此即使是现在，在进行河川分配时，两个聚落会共同在场进行慎重的边界确认，这也可以说是过去记忆的延续。18世纪中期每个村落的渔场划分都是以浅滩为参照物进行，而不是像现在这样将河川完全隔断划分到每个村落。另外，和现在的"渔场片区"相比，过去的范围也更狭窄，并且是上下游交错分配（现在，大谷泽村的渔场位于堀之内的上游）。但是可以确定的是，"村川"的这种意识，至少在近世中期就已经确立了。

第三节　河川的流域管理

● 与河川相关的规约

像上述这样，村落之间围绕着鲑鱼的捕捞，在大川沿岸经常发生摩擦。因此每个村的村长、村委督查、村委成员以及一般百姓之间，就会联合签订类似上文中提到的明和时期府屋组（现在的大川乡）的鲑鱼捕捞协议书。[1]其中制定的规约，是关于大川整体流域的全体性内容，对于上述相邻聚落间发生的河川边界纠纷不具有裁定的实效性。这就意味着这部《明和协议书》之所以制定，是因为在相邻聚落间产生的问题之外，还存在着其他层面的问题。也就是说，在考察近世大川的鲑鱼捕捞问题时，我们要注意到地方性聚落间的调整与区域性的组之间的调整这两个维度下的管理与运营。

协议书中记载，聚落按照口承约定中提到的古老的惯习，在府屋组的协商调和下，进行鲑鱼渔业的经营。但在制定《明和协议书》的1765年往前倒推20年左右的时间内，几乎看不到鲑鱼洄游的迹象。鲑鱼滥捕抑或鲑鱼渔业管理混乱（规约形式化以及实效的低下）大概是其主要原因。据说由此村民们实施了"诸猎者间协商（捕鱼者相互协商）"的办法，最终约于十年前鲑鱼又重新逐渐开始洄游。

然而位于大川河口部的岩崎、府屋两个地方，由于不分昼夜使用定刺网捕鱼，导致鲑鱼又一次无法洄游至上游。自然，上游各村便不情愿缴纳"鲑川管理费"。上游各村通过村委要求岩崎村与府屋町进行妥善处理，在征得双方同意的基础上缔结了协议。这便是府屋组的《明和协议书》。此协议书的缔结不仅是对大川鲑鱼捕捞规约的再次确认，也是首次将规约文字化。

《明和协议书》分为两部分内容，一部分是关于上游各村与府屋町、岩崎村之间的协商决定，包括以下观点：一、定刺网的运营管理规定；二、使用定刺网的渔场片区；三、定刺网的大小以及使用的时间段；四、定刺网的保管规定。另一部分是全村之间的协商决定，主要是关于固筴、渔叉捕鱼的运营管理规定。

《明和协议书》尤其针对定刺网的使用制定了详细规定。

定刺网的渔场片区被限定在"每个浅滩（不知具体详情）"最下手方大川的最下游区域。那里属于组所有，不允许任何村子独占。渔网

---

[1]　山北町史编辑委员会编《山北町史·资料篇》，第335—337页。

的放置方位要听取渔民们的意见，可以从任意一侧河岸进行，但规定必须是从一侧岸边进行"单侧操作"，对岸一侧需要空置出来。若是从河岸两侧同时进行，就会造成对鲑鱼的"一网打尽"，所以对此严令禁止。网的长度最长为 11 英寻（约 20 米），并仅限"日暮六时至拂晓六时（日落至黎明）"的夜间使用。此外规定在不使用定刺网时，为不妨碍鲑鱼洄游，定刺网专用船的拉绳也需从水中提捞出来。如此详细的规定不仅表明定刺网的使用具有极高的产出性及捕鱼效率，也表明这种捕鱼方法对大川全体鲑鱼渔业的影响之大，这点引人深思。

● 流域管理的必要性

说到定刺网的运营，它原本作为"定刺网税"的赋税形式，按照各村承担赋税的比例分配使用权。据口承约定的记载，1717 年（享保二年）此地成为幕府领地，捕捞鲑鱼要缴纳的税米、税银由原来以组为单位转变为以村为单位上缴，且"定刺网税"也变为由几个村联合起来缴纳八斗四升一合税米的形式。联合缴纳的"八斗四升一合"税米作为开展定刺网捕捞所必须上缴的赋税，这一历史事实与后来发生的事件密切相关，请务必留意。

八斗四升一合的"定刺网税"，由府屋町以"府屋御下札"的形式上缴，然后按照岩石村七升八合、杉平村四升、大谷泽村一斗三升四合、中浜村五合、迟乡村三升、温出村二升六合、堀之内村三升、岩崎村九升七合、府屋町四斗一合的比例将赋税任务分配到各村。依照承担赋税的比例，各村获得使用定刺网捕捞的权限。

但是因为岩石村、杉平村、迟乡村、大谷泽村、温出村、堀之内村以及中浜村，距离渔场大川的河口部较远，所以在明和协议签署之前，只有府屋町和岩崎村这两个村对定刺网的捕捞实际上超出了承担赋税的比例。并且由于两村拼命过量捕鱼，造成了鲑鱼洄游数量的减少。

定刺网是效率极高的捕鱼方式，并且由于是在河口位置使用，其收获量是相当可观的。当然，各个村子都想使用定刺网。因此，这次明和协议书再次重申了各村按照顺序轮流使用定刺网捕鱼的祖训。同时，府屋町、岩崎村和其他七个村子是两套不同的规定，其他七个村子一律禁止从别的地方赊借大米充当税米。如果出现这种情况，管理捕鱼活动的权限就交回到组手中，今后停止使用定刺网捕捞。也就是说，这七个村子要想实施定刺网捕捞，必须具有承担税米上缴和足够的独立经营的能力，这也是前提条件。而作为府屋町、岩崎村这两个村子，他们原本就想着自己独立捕捞，所以索性拒绝不利的外来援助。从字里行间可以读出，府屋町和岩崎村他们对定刺网捕捞已经萌生了自我既得权益的意识。

两个村子对既得权利意识的萌芽，应该是不可避免的。放置定刺网的渔场片区就处于大川最下游的岩崎村与府屋町眼前的位置。那么，岩崎村与府屋町的人们也就理所当然地会认为那块渔场片区应归他们所有。又因占据地利，最方便使用该处的也是他们，加之使用定刺网比一般的鲑鱼捕捞更为高效，自然而然会使两村想将之占为己有。此外，上游各村使用固笯捕捞时，聚落之间河川边界明晰，渔场片区具有排他性。这也给渔民们造成了一种错觉，即既可以将河口渔场片区视为己有，为自己独享，也可以独占定刺网捕捞权限，这促使渔民们进一步独占渔场片区。

除定刺网外，协议书中还有涉及固笯及渔叉等小规模捕捞的有关规定。具体内容如下：

一、堀之内村、大谷泽村、温出村、府屋町、塔下村、荒川口村固笯的使用，皆按之前商议的结果执行，禁止随意安放。另按照组中入会时的相关条例，可以使用渔叉进行捕捞。（《明和协议书》第337页）

由此可知，想获得固笯的放置权利，必须遵守一直以来的惯例，缴纳管理费用，并依照惯例安放相应数量的固筊，严禁随意、过度安放。从前文有关河川边界纠纷的描述中，我们可以了解，固筊是一种固定渔具，只能在各个村落划定的占有范围内使用。同时，该时期已经开始通过府屋组对渔叉进行管理。渔叉不同于定刺网，它不属于掠夺式捕捞，对大川整体鲑鱼捕捞的影响可以忽略不计，因而对其的管理也较为宽松。

　　一方面，如前文所述，在堀之内村与大谷泽村的河川纠纷中，村落对鲑鱼捕捞的独立性及主张权利的呼声越来越高。但这里我们需要注意的是，定刺网捕捞总是被置于超越村落层次之上的共有性管理作用机制之下。同样是在大川中捕捞鲑鱼，捕捞方法不同，它所受到的社会制约形态也随之不同。就渔获量较小的渔叉而言，只需在组中对其进行一定程度的开放管理即可；固筊作为一种固定渔具，就需要由村一级对其进行管理；而定刺网，则必须要整个流域共同对其进行严格管理。即便是在同一流域，使用渔叉与使用定刺网，其捕捞的意义全然不同。对强掠夺性的定刺网的掌控甚至可以说等同于掌控了整个大川鲑鱼捕捞生杀予夺的大权。接下来，我们可以通过下文中对鲑鱼捕捞的争端介绍，感受到流域管理的不易。

● 上、下游的河川之争

　　自天明年间大谷泽村同堀之内村的渔场边界之争过去十多年后，1796 年（宽政八年）在大川乡围绕鲑鱼捕捞问题爆发了新的争端。但此次争端同先前提到的邻村渔场边界之争在性质上有所不同，它是大川所流经的上下游各村间的争端。

　　不知是先前商定的《明和协议书》的规约约束性降低，还是人们有意无视规约的存在，1796 年（宽政八年）前后，位于河川最下游的岩崎村及府屋町又开始了违规的定刺网捕鱼作业。结果，利益受损的府屋组内上游九个聚落（杉平村、迟乡村、温出村、大谷泽村、堀之内村、

岩石村、塔下村、荒川口村、朴平村）向代管府屋组的盐野町代官所[1]
提出了申诉。

通过前文中介绍的《明和协议书》可以清楚地了解到，岩崎村、府
屋町两村进行的定刺网捕捞作业在数十年前便埋下了上下游间争端的祸
根。说起来《明和协议书》本身就是为了解决这一争端而制定的，但在
协议书签订的三十年后，其约束力变得些许不妙。

据说这时，岩崎村及府屋町违背协议重新开始了定刺网捕鱼作业。
河口被两岸铺设的定刺网堵塞，从大海洄游的鲑鱼被定刺网阻拦而不能
游到上游。此外两村也没有遵守协议中日落起至日出前的捕鱼时段的规
定，因此上游各村由于无法开展捕鱼活动而备受困扰。上游九个村落一
筹莫展，最终在1796年（宽政八年）8月上旬开始在各村之间传阅诉
状，聚集到大谷泽村的河滩地区要求岩崎村、府屋町两村进行谈判。之
前因渔场边界问题吵得不可开交的堀之内及大谷泽两村此刻也团结在一
起。九个村的村民达成共识，如果府屋町、岩崎村不参加谈判就停止其
今后的鲑鱼捕捞活动，以此向两个村施压。府屋町同意谈判结果并承诺
遵守协议，而岩崎村则强烈反对。最终事情告到了官府（《明和协议书》
第341—343页）。

此外，根据岩崎村提交给盐野町役所的申诉书来看，岩崎村是这样
替自己辩解的。

● 村子自己的说法

岩崎村他们的主张如下：

    ……虽然上游的九个聚落提出因为岩崎村设置了定刺网而使
得鲑鱼洄游不到上游，但是这样的事情根本就是子虚乌有。在岩崎

---

[1]　江户时代代官执行政务的官署。译者注。

村使用定刺网每捕获 1 条鱼，在府屋町以及比其还要上游的堀之内村、大谷泽村、温出村和塔之下村这五个村落就能捕获 200 条，鲑鱼能洄游到深山里的其他五个村落。到目前为止，定刺网对于鲑鱼的洄游没有造成任何影响……另外，那九个聚落的人虽然说他们以前参与过定刺网的使用，但是关于这点我们从来没有听说过。他们说的这些全是假的……如果你们觉得岩崎村关于定刺网的申诉内容不实的话，可以随便在府屋町的百姓中找一个老人来对质，我想很快就能得到答案。此外，关于"八斗四升一合"的税米，如果有确凿的证据说明这就是定刺网税，完全可以向府屋村的人提出要求，让他们早点拿出字据凭证来，也不至于闹到如此这般。从这点来看，也可以知道他们没有确凿的证据。因此，我们认为这一切都是他们的道听途说。关于岩崎村缴税多少的问题，以前是按比例来分配的。就是听从官差大人的分配，现在让我们说之前缴大米缴了多少多少，钱缴了多少多少，这都不记得了。关于这件事，首先是由岩崎村以前的彦右卫门（岩崎以前的村长）他口述，然后口耳相传下来。定刺网以及其他捕鱼法，都是自村上周防守大人（村上赖胜，16 世纪末到 17 世纪初村上藩的领主）的时代开始，岩崎村就一直延续至今的。另外也没有新开始其他的捕鱼法……无论如何请大人主持公正，请大人一定谨慎调查九个聚落陈述的内容，让我们能继续从事原有的定刺网以及其他捕鱼法，我们必将感激不尽。（《明和协议书》第 339—340 页）

从上述岩崎村的申诉书中可以了解到：一、定刺网没有对其他聚落的鲑鱼捕捞造成影响。二、九个村落没有参与过定刺网的使用。三、"八斗四升一合"并不是规定缴纳的定刺网税，这些很明显与事实相反。根据《明和协议书》所述，上游村落的确参与过定刺网的使用，并为此缴纳了相应的税米。对这些事件的遗忘暗示了当时岩崎村、府屋町这些下游村落对于河口部定刺网的经营实际上已经达到非常高的程度。也就是说，其他的村落因为地形不利等原因，实际上没有使用定刺网。这样的状况常年持续，以至于实际从事定刺网使用的岩崎村对这一行为所持有的充分正当性的意识完全固化。

这起诉讼，由盐野町的乡宿（官署为公务出差的官员等人准备的当地住所，也代理诉讼）的官员接手，以内部调解的方式处理，虽然当时九个聚落对留存的清单表和分配簿进行了仔细的查阅，还是没有发现关于税米的详细记载。终于，在府屋町和中浜村中找到了注明"八斗四升一合"是定刺网税的字据，并将其当作证据提交。最终的结果是九个村落的说法得到了承认。

从那以后，"八斗四升一合"是定刺网税，除此之外的鲑鱼管理费是对渔叉和固筮的征税这些内容都得到了再次确认。另外，对于白天期间定刺网的使用，允许岩崎村在向九个村落提出申请后，以四天为限给予了让步，同时重申"从傍晚六点到早上六点"以及"从单边河岸、从单侧捕捞"的原有的限制性做法。以流域为整体对定刺网捕捞进行管理，这一观点也在大川再次得到了确认。最后，"定刺网"就逐渐从大川消失了。

第四节　作为共有资源的河川的近世特点

● 消失与留存的捕鱼方法

现在渔民中已经没有人知晓，曾经大川使用过一种名叫定刺网的、能够大量捕捞鲑鱼的捕鱼方法。这种方法仅留存于古老文书的记载中，而已经在人们的记忆中忘却。自 1796 年（宽正八年）的宽正河川纷争以来一直到近世末期，对于如何采用高效率、高生产性的定刺网捕鱼以及如何进行管理未有详细记载。在明治初期，人们为继续在大川开展捕鱼活动提交的申请书中，也未曾提及定刺网。可见定刺网在近世的时候就已经被完全废止了。

另外，低效率、低生产性的固篊等捕鱼方法仍旧存在。通过观察近世时期共有资源的形成过程，可以推测，现如今在大川可以看到的这种非现代化、低效低产的捕鱼方法得以残存并非偶然。虽然以前大川便有定刺网这种高效高产的捕鱼法的存在，但它却被人为废止，而低效低产的捕鱼方法被选择保留了下来。如果从经济效率的角度对技术进行评判，就技术的单一进化论而言，低效低产的捕捞方法被淘汰废止不足为奇。但事实上恰恰相反，高效高产的方法消失不见了，这与在大川所看到的共有性世界之间不无关系。

用定刺网捕鱼过于高效，且几乎垄断鲑鱼捕捞，这对人们的共有性世界造成威胁，是十分危险的捕鱼方法。正是定刺网的这一特点被维护共有资源的聚落之间的内在关联性所拒之门外。

在大川，共有资源形成并延续下来的现象也并非偶然，它是在一定条件下存续下来的。

在日本，鲑鱼很早以前便是一种有着极高商品价值的鱼类。因此，在近世初期，拥有鲑鱼洄游河川的藩地便开始强化对"鲑川"的管理与限制，并将其收益作为重要的资金来源。这些藩地的统治者并非直接捕捞鲑鱼，而是将河川承包给有实力的商人。随着承包体制的推进，鲑鱼捕捞与鲑鱼捕捞的地域（共同体）之间的直接关系被日益削弱，逐渐转变为市场经济活动。在此期间，直接统治者拥有鲑鱼捕捞的权利，经营鲑鱼捕捞的实力派商人与实际从事捕捞活动的当地民众之间是脱离的，他们从鲑鱼捕捞中获取的利益分配也自然而然产生了巨大的差别。

这样的鲑鱼捕捞可以被称为"商人经营型鲑鱼捕捞"。与其他鱼类的捕捞相比，鲑鱼的捕捞作业在相对较早的时期，便进行了捕鱼法与渔具的技术革新，扩大了捕捞规模并使生产性得到增强。那个时期，在最为先进的技术驱动下，收益性提高，商人逐渐富足，藩地的财政变得宽裕。"商人经营型鲑鱼捕捞"主要在鲑鱼洄游量多的大型河川展开，并逐渐成为趋势。村上市位于大川乡附近，和大川乡同属一个统治者管辖之下。至近世初期，在流经村上市的三面川上进行的鲑鱼捕捞可以说是"商人经营型鲑鱼捕捞"的典型范例。

但大川鲑鱼捕捞的情况却完全相反。大川的鲑鱼捕捞有 7 个特征：一、藩地领主等统治者的影响小。二、没有商业资本的渗入。三、村落（共同体）与渔场管理紧密关联。四、规模小。五、个人化。六、效率低。七、平等地进行劳动与财富分配。以上特点表现出与"商人经营型鲑鱼捕捞"不同的"共同体经营型鲑鱼捕捞"的经营业态。

这种"共同体经营型鲑鱼捕捞"得以承继是有其理由的。近世，大川乡的统治关系呈现流动性特点，领主更替频繁。而且其所属关系经常是在幕府与藩地之间变化，即便成为幕府所属，也会间接托付给藩地统治，而接手的藩地领主也是频繁更换。频繁更换统治这块土地与民众的统治者，其结果是使作为财富源泉的大川鲑鱼捕捞事业缺乏积极且连续性的管理、限制政策。总之，统治者对鲑鱼捕捞的影响是相对较弱的。

进一步来说，连续性的管理、限制政策的缺失也关系到对鲑鱼捕捞企图一掷千金的商人的不在场。大川乡因为离商人活动和消费鲑鱼的城市都比较远，商业色彩相对不浓厚。河川自身也没有足够的魅力吸引较大资本投资。因此，大川更多是与地域、村子持续保持密切、直接的关系，作为支撑起人们生活的资源，在共有资源的管理之下存续下来的。并且，大川废止了在"商人经营型鲑鱼捕捞"地区所看到的先进的捕鱼方法，而将非常小规模的、个人化的、效率不高的传统捕鱼方式传承下来。可以说，正是因为大川留存了共有资源的形态，才使固笯这种乍一看"原始的"捕鱼方式留存下来。这种留存是有其必然性的。

上述大川存在的具体情况，成全了地域民众得以直接利用地域现有资源，也使得鲑鱼捕捞的共有资源能够延续其厚重的共有资源的特性。共有资源一定会受到其周围自然状况、社会状况、政治状况、经济状况的强有力影响。共有资源本身充满活力。

● 村落的共有资源、地域的共有资源

近世大川的共有资源生态表现得极具活力且复杂化。

在捕捞溯游性鲑鱼的河川渔业中，若无秩序地在下游实施高效率的捕鱼法，那理所当然会对上游渔业造成影响。这不仅指相邻的村落，对距离较远的村落也会产生同样的影响。

如前文所述，从当地使用渔场片区的惯例来看，下游无疑占据了有利地位，而位于上游的村落只能捕获到剩余的鲑鱼。因此，若下游村落过量捕捞，则必然导致溯游至上游的鲑鱼减少，从而导致上游村落的渔获量降低。鲑鱼这种高减损性的资源一旦被很多人共同利用，就必然会产生纠纷、倾轧，那么起到调整作用的社会体系也就不可或缺。如放任自流的话，就很有可能造成共有资源的悲剧。事实上，在大川曾有数度可能导致共有资源悲剧发生：在二十多年前签订《明和协议书》的时候，就曾经由于定刺网的放置，导致几乎没有鲑鱼溯洄到上游。另外，《协议书》签订的三十几年后，同样又迎来了鲑鱼资源消亡的危机。

纵观大川鲑鱼捕捞业的历史，可以一窥以大川的鲑鱼为中心的近世共有资源的特征，即作为一个整体的大川流域与分割大川的村落管理层面的多重性（套匣构造）。

早在 17 世纪初期，人们就已经开始共同利用大川。当时这种地域的共有资源被称为"组中一统海川共入会"。直到 18 世纪初期，管理权才真正转移到村一级的单位。那时，如同堀之内村与大谷泽村之间发生的河川纠纷那样，人们强调河川是"村川"，即将大川视为村落共有资源的思维已经根深蒂固。

以强硬的措施试图正当化地占有村落共有资源，这种意识在史料上只能追溯到 18 世纪中期，但结合现实中施行的以村为单位的租税分摊，我们可以推断，近世初期就已经形成了这种占有意识。该意识可能

继承自中世时期村落自治组织的存在形态。虽然我们不能否认中世已经存在这种共有性的世界，但我们可以看到在近世，这一世界得以重塑或强化。

　　村落共有资源的意识，随着时间的进一步推移而逐步强化，这也是 18 世纪中期大川频发河川纠纷的原因。如岩崎村固执地主张使用定刺网的事件，就是由于他们将整个大川视为自己村子的共有资源并加以利用造成的。然而在处于相互利害关系的地域层面，该想法是不被认可的，同时还会受到地域层面的管理。

　　这段历史反映出，以大川的鲑鱼捕捞为中心的共有资源其性质并非完全是对内封闭的。在这之中还存在着作为一河相连的水系的意识，有时这一意识会对村落起到他律的作用。大川首先是作为村落共有资源而存在的，但这并不意味着它可以完全独立、被无条件的容忍，根本上它要受到连接着村落共有资源的社会性关系的制约。这是因为大川被认为是大川乡民众共同利用的场所，即被认为是地域的共有资源。

　　地域共有资源与村落共有资源之间绝非矛盾。应该认为，地域共有资源既是保全村落共有资源必不可少的存在，又形成了多层次的共有性世界。只是这一共有资源的多重性（套匣构造）并不存在于一成不变的意识中，而是在间歇性意识中完善起来的。通常，在鲑鱼捕捞安稳进行的日子里，这一结构性体制并没有得到大川乡人们足够的认识。

　　这一共有资源的意识也见于对鲑鱼以外的其他鱼类的捕捞活动。例如 1849 年（嘉永二年），荒川口村的年轻人实施了鲇鱼的"毒流捕捞"（向河水中撒毒来进行捕捞），由此引发了下游村落的田地虫害，此外也影响到了鲑鱼捕捞，塔下村的民众一同要求其制止捕捞活动并提起了诉讼。[1] 像这样，作为村属划分领地，在每个村所有的河川部分，村民在不与他村发生冲突的范围内对其进行排他性的利用。村落共有资源与地域共有资源的意识得以渐次形成。

---

[1]　山北町历史编辑委员会编《山北町史·通史篇》，1987 年 a，第 275 页。

● 统治者与共有资源

　　正如先前所详细介绍的那样，鲑鱼捕捞正当权利的获得以向统治者缴纳税米、税银为前提。它既是权利又是义务，因此这种以村落为共同责任单位的制度就具有了重要的意义。鲑鱼捕捞不是单纯的个人活动，是以村为单位负责的活动。这种租税缴纳的义务，使得每个村为了确保收益，必然要圈定自己的渔场。就这样，与其说大川作为村共有资源是个自然而然形成的过程，抑或说它是由村里人仅仅根据自律意识创立的社会产物，倒不如说是受到与当时统治者的关系如何等社会经济状况的影响交织形成并得以强化的产物。

　　之所以不能无视统治者与共有资源间的关系，除了征税层面的要素，还可以从当地统治者为了调整各村之间的平衡而做的各种工作中得以明确。翻阅近世大川鲑鱼捕捞的历史我们会发现，共有资源的确立与维持，不可缺少的是管理民众与村落的组织体系，其中必然有统治者的介入。

　　大川的共有资源拥有严格的规则，由团体经过细致决策形成。精通共有资源论的林业行政学者井上真，根据利用资源时规则的有无及强弱，区分了两种地方性共有资源。一种为利用时伴随着各种明显的，或者是隐性的权利与义务关系的"牢固型地域性共有资源"（tight local commons），另一种为集团内部成员对资源的利用能相对自由的"宽松型地域性共有资源"（loose local commons）。[1] 而大川可以说是"牢固型地域性共有资源"的典型。

　　然而，要使共有资源变得"牢固"也绝非易事。这需要在双方同意的基础上形成以更好地维护共有资源的组织结构。首先，组内各村落一起协商对策，达成一致后保证决议的遵守与执行。另外，各村落关于共

---

[1]　井上真《探求共有资源之思想》，岩波书店，2004 年，第 52—53 页。

有资源的问题纠纷不应采用"私了"的解决方法，原则上应通过当地的组织体系处理。维护共有资源的调节机构，首选当地社会自治体担任。

但是有时共有资源的权威性也会产生动摇，规则的有效性也遭到质疑。这时仅靠当地的调节机构已经无法解决问题。像这种情形，就需要依靠诉讼的方式，交由掌握鲑鱼捕捞权威性的统治阶层裁定。也就是说，解决问题的机制是由当地一方和统治者阶层形成的多重结构。统治阶层的调节机构具有高度权威性，是强制大川乡的人们履行协议内容的最终手段。

共有资源是有关当地社会的一个系统，虽然其具有一定程度上的自律性，但通过大川的事例，我们可以知道完全依靠自律性、自发生成的调节机构去维持共有资源是非常困难的。这就需要根据强制力的大小分成若干层的管理组织结构。关于这点并非只是大川有这种特殊情况，采用入会惯习的日本大部分地域都适用这一点。我们必须要考虑到近世的共有资源与地域社会及统领此地的统治阶层之间具有密切的关联性。甚至可以说，正是这种以村落为共同责任单位的近世时期的管理结构，构成了近世共有资源的基础。

● 纠纷下生成的共有资源

我们在大川看到的牢固型共有资源模式，实际上是诞生于纠葛、倾轧、敌视以及争斗等乱世的社会状况之下，并在这样的环境中逐步得以完善。在牢固型共有资源形态中，我们极易将状况误解为和谐与统一，而不和谐与不统一的状况才是其一体两面的表现。也就是说，近世大川沿岸的人们并非出自偶然、基于善意、追求和谐而构建起共有资源，反而是作为一群随时随处可见的普通人，为克服人性自身固有的私利、自以为是以及私欲带来的困难，而不得已谋求必要的协调合作进而构建起共有资源。

不是聚众结党、冲进邻村毁坏庄稼的堀之内村村民格外贪婪，也不是在上游村落的逼迫下依旧佯装不知情的岩崎村村民极度利己。看似利己的行为，有时是村民对于特定条件和状态下，将自己利益最大化的合理性判断。只是这种合理性会给人际关系带来巨大的裂痕。如此想来，大川的牢固型共有资源首先是作为维持人际关系的系统而诞生的，这才是其本质所在。

长期以来，对于共有资源论的研究，是将其视为处于各种条件之下，以"可持续"的形式对自然环境与自然资源进行利用、管理以及维护的机制。虽然共有资源的争论自诞生之初至今已长达数十年，并且依旧盛行不衰，那是因为人们认为共有资源的存在形态关系到自然环境或自然资源的"可持续"性发展，并对此抱有期许。这种研究的中心课题在于对人与自然、资源的关联性的思考。

但是，经历近世数百年，大川仍能使鲑鱼这一资源延续下来，我们不要乐观地认为此资源十分丰富，那是因为除了人类与自然（河川）、资源（鲑鱼）关联性之外，还存在着其他重要的部分。以河川为中心的组织体系，使得上述关联性如同网格一般无处不在。这与至今鲑鱼资源仍然在大川地区留存不无关系。只是，这种关联性并非是在以保护自然与资源为首要任务的认知下产生的。说到底，是为了维护利用自然、资源主体的人与人之间的关系存在的。如此看来则一目了然，那就是在共有资源论中，我们首先要考虑的并非是人与自然、资源的关联性，而应该是人与人之间的关联性。

我认为，以可持续性的形式对"人—人的关联性"进行管理、维护是牢固型共有资源的根本存在形式。而且，"人—人的关联性"的可持续性与"人—自然、资源的关联性"的可持续性紧密相连。近世下的共有资源形态告诉我们，共有资源不仅是保护环境与资源的体系，更是保障人类生活的体系。

第五章
共有资源与近代国家

第一届水产博览会《水产博览会解说手册》
中的插图（村上，1883 年）

第一节 "公益"的发现

● 明治维新引发的大混乱

以上，从历史学视角对有关近世大川乡民众共同连续使用鲑川的状况及背后起支撑作用的共有性世界的变化进行了回顾。以大川鲑鱼为中心的共有性世界且作为共有资源的河川，虽然发生了各种各样的事件，所幸没有发生悲剧。作为共有资源的河川，在近代社会经济实现重大变革以后，一方面继续适应着时代的变化，一方面在时代的影响下延续至今。只是其现实存在的状态已经偏离当地固有惯习，而逐渐被吸纳到近代国家的框架之中。并且在近代国家的逻辑框架下，发生了形态上的改变。

伴随着明治维新，大川乡的领主统治制度迎来了终结。这对于近世共有资源的存续是个重大的事件。正如前文所述，近世共有资源的使用是在承担租税的基础上被赋予正当性的。这样一来各村首先丧失了其原本享有的正当性。此外，原本围绕鲑鱼捕捞产生的诸多问题，在当地解决不了的情况下最终是依靠统治者裁定的。这个协调机构今后也丧失了功能。因此大川乡民众在这样的近代国家关系中不得不重新构建新的共有资源。

明治维新后急剧的制度变革，在捕鱼业方面不仅给大川，也给全国各地带来诸多变化和混乱。1875 年（明治八年）明治政府根据太政官发布的第 120 号政令规定河海湖沼等统一收为官有地（国家管理）。此项规定被称为"海面官有宣言"。另外，根据太政官发布的第 23 号政令，废止了过去幕藩体制下作为租税的"杂税"。也就是说，近世承担着以税米和税银形式被征收渔业税而获得捕鱼行为正当化的各个地域，其关乎控制当地渔场既得权力的依据被取消了，而是由政府统一出台新的渔场、渔业管理方法。另根据太政官发布的第215号政令，明治政府推出关于官有水面使用的新规定，引进缴纳租用费以租用水面的"海面借区制"制度，强力推行由国家力量对水面裁量权进行管理。

于是许多人意识到，正是这些"海面官有宣言""海面借区制"导致了固有惯习下秩序的崩塌。再加上维新时期由于制度不完善所引发的混乱，全国各地相继爆发了渔业纠纷。近世，渔业管理被置于当地的惯习规约以及共同体的管制体系之下，一旦这种体系消亡，那么显而易见，对于那些只忠实于自身利益、伴随合法性思维的人们，我们很难以秩序进行管理，这点在近世大川发生的河川之争中已经表现得十分充分。那些被固有惯习排除在外的人，想必是瞄准了这次新加入的机会，而既得利益者则企图进一步巩固自身利益。失去了管制，村庄和渔场就很容易变得杂乱无序。

因此，明治政府于1876年（明治九年）7月，紧急下达了第74号太政官令，废止了"海面借区制"。内容如下：

> 一、明治八年12月发布的第215号通告，规定了捕鱼、采集水草等海面利用的相关事宜。经过讨论，上述通告（太政官通告215号：引用者注）予以废止。自此之后依照各地缴纳府县税的方式进行经营管理，遵循固有惯习予以管制，特此通告。[1]（着重号为引用者加）

可见经营的监管、府县税的征收等渔业管理事项交由各府县的地方政府负责。74号太政官令的重点在于，为了避免地方政府在接管渔业后重蹈"海面借区制"的覆辙，允许他们在一定程度上参照地方自古以

---

[1] 羽原又吉《日本近代渔业经济史》上，岩波书店，1957年，第14页。

来的惯习，确立了尊重各地固有惯习的原则。由此可以说，近世以来的当地渔业管理系统基本上还是延续下来了。因为湖沼河川同样适用海面标准，所以河川渔业也被纳入该条文的适用范围内。

说到大川的鲑鱼捕捞，明治维新以后，在近代国家的主导下，它的组织、地域、规则的形态都在不断地发生改变。

● 强化流域下的渔业管理

虽然幕藩体制解体之后，渔业制度一直没确立下来，但是大川沿岸的村落早在 1873 年（明治六年），就向新政府提交了《鲑川渔场租借请愿书》。之后，1878 年（明治十一年），府屋町村（府屋町）、岩崎村、堀之内村、温出村、塔下村、岩石村、大谷泽村、迟乡村、杉平村九个村落还联名向当时的新潟县令永山盛辉提交了《鲑川渔业长存请愿书》。据此，尽管在废除旧税之际（明治八年），国家多次发出指令让有意从事渔业的人自愿报名，但是当地政府对此的回应却是姗姗来迟。可以想见的是，大川方面也很难立即应对这些官方出台的，例如水面官有宣言、借区制的鲁莽政策。

但是 1876 年（明治九年），大概是参照了第 74 号太政官政令，县厅推出了第 373 号新潟县政令。政令告知民众，不是以租借的方式，而是按照传统的税收制度来应对这种局面。只是据推测，这项税是按照大川这一整体流域来征收的，因此，大川沿岸九个村子花了很长时间进行协商，终于在 1878 年（明治十一年），九个村子达成一致进行了"渔业合并"以此纳税。在此，以流域为单位进行渔业管理的结构再次被放大。近世初期，就已经有了"组"这种地域管理结构，并且村子的管理权限也得以扩大或者说得以恢复，大川处于多层级的渔场管理之下，这在涉及近世的共有资源中已经提及。但是到了近代，在这种多层级的管理之上，渔场还被强加了来自外部管理的压力。只是现在涉及的对象仅限于大川流域的九个村子，过去在府屋组一起参与捕捞活动的中滨村、荒川口村和朴平村都不包含在内。明治的渔业制度改革缩小了大川鲑鱼捕捞的地域范围。此后一直到近些年以来，这个范围被牢固地确立下来，成为公认的拥有鲑鱼捕捞权利的地区。

那么，这个"渔业合并"具体是个什么样的组织呢？究竟，重视村落的渔业管理是否会因此发生改变？

还是在提交《鲑川渔业长存请愿书》的那年，大川沿岸的九个村落修订了与管理经营鲑鱼捕捞活动相关的规则，并且将其落实到明文规定中，称之为《鲑川议定》。自从《明和协议书》明文规定了鲑鱼捕捞活动的规则以来，到这份《鲑川议定》的提出已经过去了110多年。[1]这份议定书的关键就在于，它确定了税金的分担及其偿还方法以及针对渔具、捕捞方法、渔场的规定。同时，该议定书的适用年限暂定为1878—1880年的3年时间。

首先，《鲑川议定》中写道，因为这次杂税采用分摊的方法，所以由本地（大川乡）鲑鱼捕捞活动的相关村落进行了协商，一致同意将"税收与渔业方法合并起来，所有事宜以大川乡整体的公益为优先"，此决议同时得到了县政府的认可。关于鲑鱼的具体捕捞方法，在《村代表重要合议书》中签订了如下规约。内容简要概括如下：

一、渔具使用仅限于固筌、渔叉、渔钩（钩子）、渔网。

一、禁止在夜间点燃火把进行捕捞活动。

一、立夏之前，允许使用渔叉在任何村的流域进行捕捞。但是，立夏以后，禁止所有以渔叉在其他流域进行的捕捞活动。

一、河川的修缮工程（河川土建）要在7月30日前完成。不过，如遇洪水等非常时期出现的河堤损坏，必须在与鲑鱼捕捞活动相关的所有村落在场的情况下制定计划，明确修缮内容。

一、每年秋分以后，不能进行港口的挖掘工程。

---

[1]　山北町史编辑委员会编《山北町史·资料篇》，第399—401页。

一、只要是河道中有妨碍鲑鱼逆流而上的障碍，每个村落，都必须将河宽挖掘到六间开外（约 10.9 米）。

一、从河岸两侧设置固筊时，要保证河宽不小于六间。

一、河口部固筊的设置，由所在片区的村落自行协商。

一、出水口即河口三角洲区域的渔叉捕捞，只允许府屋町、岩崎村两个村落，沿用旧习在立夏前后开展共同捕捞。

一、如果有村落擅自行动，或者有某人违反规则，其他村落有权剥夺其所属村落的整体捕捞权。

综上所述，此时定刺网已经退出了历史舞台。大家使用的都是用来进行单独捕捞的小型工具。这个"渔业合并"的规则，说到底也只是"税收与渔业方法"的合并，涉及每个村落各自的渔场管理与以前相比，并没有大的变动。譬如，这个时候所征缴的税金，与近世一样由各个村落分摊。另外立夏之后，禁止在其他村落区域内使用渔叉进行捕捞。不仅如此，渔场的整修（确保河宽）也由每个村落独自负责。这并不是说各个村落可以为所欲为。因为有明文规定，如果有人做了损人利己的事情，那么其他村落就有权力剥夺其所属村落的捕鱼权限。这种处罚规则，可以说比近世更为健全了。从这一点来看，从近世开始执行的以村子＝村落＝集落为单位的渔业管理，即村子的共有资源体系，与其上位的地域管理下的共有资源体系，它们所共同构成的多层存在方式，基本上被承继了下来。

● 鲑鱼捕捞的新使命——"公益"

上面提到九个村落一共需要分摊 50 日元 34 分 4 厘的费用（金额因村而异）。分摊的方法与"组"的群体成员一起被课以的份额或近世的某个时期共同分担的税费没有太大的差别。说到底，经营的基本单位还是村落。

但是我们注意到，这个《鲑川议定》所规定的费用，它的用途明细其实另有深意。在总计 50 日元 34 分 4 厘的费用中，有 13 日元是税金，这仅占全部费用的大约 25%。剩余的除去各种杂费，有 33 日元 33 分 3 厘（约 66%）的部分是从各村落征缴上来用以冲抵大川乡新建学校借款的花销。之后，进行鲑鱼捕捞活动的村落协商确定，在明治十一到十三年的 3 年里，从各村落的渔场收入中，拿出 100 日元作为学校的费用。根据 1872 年（明治五年）明治新政府颁布的学制，翌年大川乡筹建了"第 30 中温出小学校（现大川谷小学）"，即后来的温出小学，它在大川流域的基础教育中发挥了重要的作用。可以说，学校费用的筹措很大程度上依靠鲑鱼捕捞的出资。

各个村落缴纳的鲑鱼捕捞费用，其中一大部分用于学校。说到鲑鱼的捕捞和学校，我们很难将两者联系在一起。那么，是什么使得学校可以借助鲑鱼捕捞来完成资金筹措的呢？

这与明治维新以后地方制度的确立过程有着密切的关系。虽然明治政府颁布学制、致力于推进近代学校制度，但是却缺乏财政上的支持。虽然政府也尝试接受捐赠、收取学费、向学区内的民众征收费用等各种各样的方法，但是这些财源都不稳定。因此为了负担学校费用，各地共同设立了被称为"学校林"的森林，被称为"学田"的水田等不动产[1]行业。因为有上述这种筹措费用的方法，所以同样不难理解，大川的鲑鱼捕捞也与出资办学联系在了一起。明治初期的大变革时期，大川的鲑鱼捕捞活动就与地方行政紧密地联系在了一起。这不仅给大川带来了新的社会概念，鲑鱼捕捞也被赋予了新的使命。

那就是"公益"。

在《鲑川议定》行文中，"公益"一词出现得异常频繁。首先，在《鲑川议定》的引言中，就写明了各村落协议后决定合并税金和渔业方

[1] 竹本太郎《明治时期学校林的设置》，《东京大学农学部演习林报告》111，2004 年，第 109—177 页。

法，"由谷内一同谋求公益"。"谷"指的是大川谷，也就是大川乡。着眼于谋求大川乡的公共利益。另外，条文中规定"公益关乎每个村每个人"，所以不得擅自行动。不论是个人还是村落，都始终要以"公益"为第一要旨。"公"被确立为凌驾于个人与各个村落之上。并且议定书的结尾部分还提到，在议定书到期后重新进行最后议定，也要以"公益为根本"进行。"公益"成为决定大川鲑鱼捕捞规则的主要准则。

此时的鲑鱼捕捞已经不单纯是经济活动，它还被赋予了"公共"利益与社会福利的使命。公益，用现在的说法就是"公共利益"。换句话说，就是社会中不特定且多数人的利益，是"私人利益"的反义词。要说"公益"这个词是自发地从大川乡民众内部产生的话，我们必然难以置信。因为我们很明白，近世曾经那么坚定地将鲑鱼捕捞作为维持自己生活的经济支柱、满脑子是合理性思维的人们，很难想象会突然有一天意识到了公共性，并且以资助公益为目标去重新定义捕捞鲑鱼。可以想见，赋予鲑鱼捕捞活动这种新价值的背后，隐约浮现的是一种统治他们的崭新的权力。

实际上，用鲑鱼捕捞所得收益来资助学校这一决定，是由当时管辖大川乡的村上町警察局局长提出的，这在《鲑川议定》中有记载。虽然警察机构的官吏介入鲑鱼捕捞的缘由仍待考察，但是可以确定，这是受到了公权力的某种干预和训示。

当时，处于包括大川乡在内的地域中心地带的村上町，已经开始试点通过鲑鱼捕捞为学校运营做贡献。维新后，村上本町的旧藩士们继承了三面川鲑鱼渔业权，早在1873年（明治六年）就创办了"小学村上校"。据说那时鲑鱼的收益就发挥了很大的作用。之后，以其收益为基础，村上町还率先开展了当时较为先进的初中教育等工作。[1] 当时，村上町警察局局长对于这种状况给予了充分的肯定，并要求大川方面的民众也借鉴这种做法。可以说，这种方式下学校费用的筹措，实质上是一种

[1]　须藤和夫《三面川鲑鱼物语》，朔风社，1985年，第113—120页。

在某种程度上满足了“公益”即新政治框架下要求的理念、价值的行为。

● 外来的“公益”思想

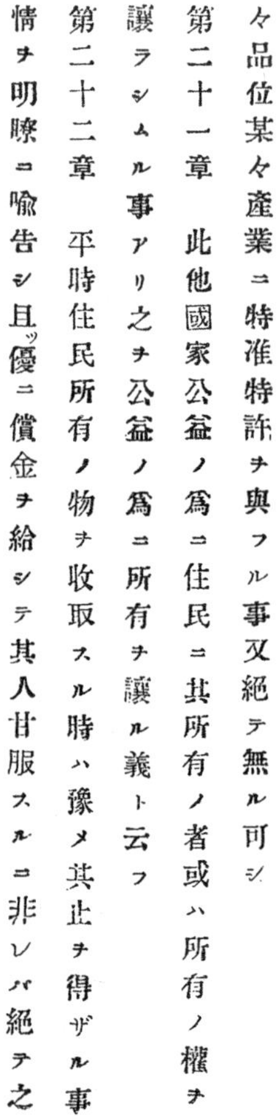

々品位某々産業ニ特准特許ヲ與フル事又絶テ無ル可シ
第二十一章
此他國家公益ノ爲ニ住民ニ其所有ノ者或ハ所有ノ權ヲ
讓ラシムル事アリ之ヲ公益ノ爲ニ所有ヲ讓ル義ト云フ
第二十二章
平時住民所有ノ物ヲ收取スル時ハ豫メ其止ヲ得ザル事
情ヲ明瞭ニ喩告シ且ツ優ニ償金ヲ給シテ其人甘服スルニ非レハ絶テ之

图 13 《泰西国法论》第 21 章（津田，1868 年）

日本古代就有“公益”一词。只是最近才开始频繁地使用该词。可以说，它是近代日本从西方引进的一个关键词。公益学者小松隆二指出，明治初期使用的“公益”与我们现在使用的“公益”在意义上略有不同。他认为，“公益”始于明治初期对于贫困等需要救济人员进行的一种由上到下的帮扶服务。[1] 而且，主要用于指涉向地域及社会投放私财的贡献行为。

不过，这里特别需要注意的是，“公益”这个词有时也会让人联想到类似“国（家利）益”的含义，而且它有时还与国家直接关联。

明治初期，在对欧美法律书籍的译介中，多处使用了“公益”的表述。例如，幕府末期被派往荷兰莱顿大学学习的法学家津田真一郎（真道），师从西蒙·菲塞林（Simon Vissering），在 1868 年（庆应四年）翻译完成了老师的著作并出版，书名为《泰西国法论》，[2] 这也是近代日本第一部西方近代法理论著作。这部为近代日本奠基带来巨大影响的书，其中频繁地出现了“公益”这个词语。仔细看会发现，“全国

[1] 小松隆二《公益是什么》，论创社，2004 年，第 93 页。
[2] 津田真一郎《泰西国法论》（开成学校藏版），东洋社，1878 年。

的公益"天下的公益""国家的公益"等带有"公益"的词语，都被用于与"国家"相连的词句修饰中。换句话说，当时的"公益"指代的并不是现在所说的"社会上不特定且多数人的利益"。明治时期，对社会有益的"公益"其内涵是由国家进行判断和界定的。

并且如果细究该词语的使用语境的话，我们就会发现其虽然认可"私"的权利和权益，但是却经常被用于限制该权利和权益的场合。例如，书中"民众应该承担的国家义务"部分的第21章，"为了国家公益，民众有时需要放弃自身的所有物或者是权利。也就是说民众有义务为了公益而放弃所有"[1]。总之，是对私人所有权的限制。这种想法，在《大日本帝国宪法》中也被承继了下来。1889年（明治二十二年）颁布的《大日本帝国宪法》第27条，针对所有权做了明确规定，表明日本国宪法虽然保护日本民众的所有权不受侵害，但同时也强调"以公益为优先，依据法律实施对个人所有权的处置"。明确了相较于"私益""公益"具有的优先地位。顺便说一句，现有民法中有关所有权的规定中，已经删去了"公益"这一表述，而只保留了"在法令的允许范围内"。

而且，近代国家出于表示国民道德的理想根源的用意，开始明确地、有意识地使用"公益"一词。1890年（明治二十三年），以明治天皇名义发布的《教育敕语》，将"进一步推广公益"列为重要的"12德目"之一，进一步明确了国民教育的基本理念。国家寄希望于国民的"公"＝国家的价值，很显然被附加在了"公益"一词身上。

当然，这并非是说上述"公益"词条中，完全没有与现在一样指代"（一般的）多数人的利益"的例子。例如明治中期，在足尾铜山矿毒事件中公然与政府叫板的田中正造，于1897年（明治三十年）2月26日，向众议院提交了《对不停止有害公益矿业的质疑书》，质疑书中足

---

[1]　津田真一郎《泰西国法论》（开成学校藏版），第112页。

尾铜山以违反了"公益"＝"多数人的利益"为最大依据，要求废止有害矿业。这就是积极地肯定"公益"一词，并且在战略上加以利用的事例。但是大正初期，田中在自己写给熟人的书信中，也感叹"公益"一词优先于人权的现状，他写道"虽然口头上呼吁公益，但是我也知道实际上离开人权就无法谈公益"[1]。

明治初期，虽然在大川乡使用的"公益"中，我们无法直接解读出表明上述"国（家利）益"的含义，但是有一点是可以明确的，那就是这个词语是由国家引进的外来价值观或概念。而且，作为国家用来评判各地方渔业基准的术语，"公益"被国家所利用、是近代国家初创时期国策中的关键词，这在后面详解水产发展的重要活动即关于水产博览会的说明中也有体现。

"公益"与大川乡民众依靠河川形成的共有性世界的利益略有不同。我们很难知晓对于"公益"词语的使用，大川乡的民众具有怎样程度上的自觉意识，我们可以看到的是他们似乎已经灵敏地嗅触到"公益"一词中所包含的"公"的价值，与继续从事鲑鱼捕捞活动之间存在着的某种正当性的联系。

《鲑川议定》响应新的政治制度，对原有鲑鱼捕捞活动的框架进行了重组，可以说对内，取得了大川民众们的相互认可；对外，让新登场的公共权力接受并承认了继续鲑鱼捕捞的正当性。

通过下面的事件，我们可以看到，那时萌发的将鲑鱼捕捞与学费相结合的想法，其实并非扎根于这片土地。因为在《鲑川议定》中规定的三年时限到期后，大川方面就立即停止了对学费的资助。1881年（明治十四年）议定书时限到期，他们需要制定一份新的鲑鱼捕捞的约定以代替《鲑川议定》。大川乡民众在商定这一框架时，又不得不重新面临"公益"名下的另一种新的价值。

---

[1] 田中正造全集编纂会编《田中正造全集》19，岩波书店，1980年，第271页。1913年（大正二年）7月，写给铃木桂次郎的书信。

那就是"资源保护"。

第二节 "资源保护"即为"公益"

● 鲑鱼捕捞的新使命——"资源保护"

我们注意到，"公益"一词包含了一个重要的新概念，那就是"资源保护"。当"资源保护"的理念覆盖到大川时，大川的鲑鱼捕捞也就被赋予了新的使命。

前面提到，明治政府颁布了太政官通告第74号令，将渔业经营的监管委托给各府各县的地方政府。实际上，1880年（明治十三年），新潟县就向县内的各河川相关地域传达了加强鲑鱼捕捞管理的规定，其中包含有与保护水产资源相关的严格要求，具体规则如下。

新潟县通告甲第二百零一号令 明治十三年九月二十五日

鲑鱼捕捞之事乃是水产季的一项大事，但是近年来出现了产量减少的状况。为了保护未来鲑鱼的产量，如今颁布如下条例。

加强鲑鱼监管规则

第一条　有鲑鱼产卵的河海，在每年的二月一日到八月三十日期间，禁止捕捞孵化的鲑鱼鱼苗。如果是在从事其他渔业捕捞时误捕了鲑鱼的鱼苗，需要将其立即放归。

第二条　每年九月一日到十二月三十日期间，每周日上午六点到接下来的周一上午六点为止的一昼夜时间段内，禁止捕捞鲑鱼。

第三条　各河川都绝不可以捕捞砂砾中鲑鱼产的鱼卵。

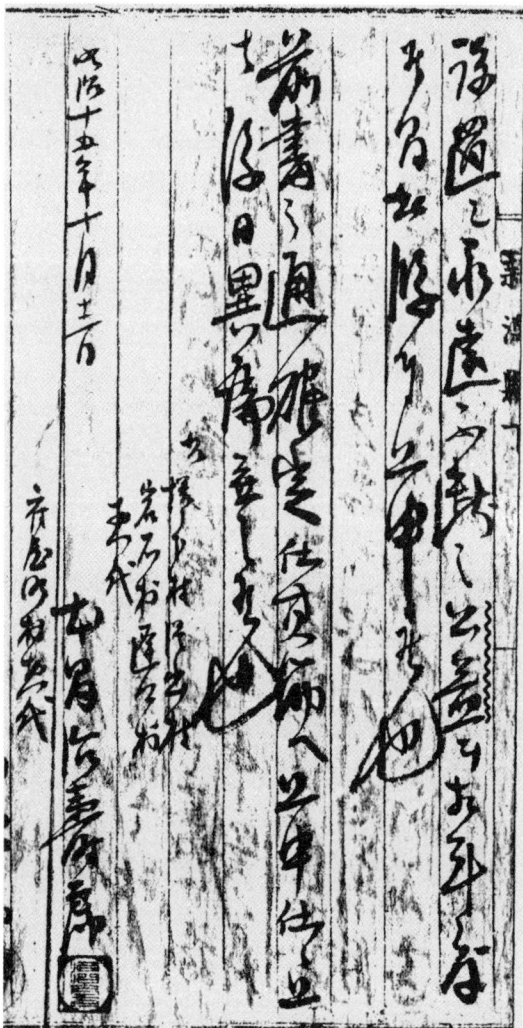

图 14　1882 年（明治十五年）关于设置"种川"的报告书中出现的"公益"表述

第四条　违反此规则者将被处以违警罪的处罚。[1]

该规则大力主张：一、保护产卵的鲑鱼；二、保护鲑鱼产的卵；三、保护孵化后的鲑鱼鱼苗。可以看到，贯彻"资源保护"，在当时是时代发展趋势的必然要求。

该通告的颁布迫使大川乡的民众必须要给出恰当的应对措施。最后，大川乡的民众想出了一个对策，那就是他们决定在河中设置名为"鲑鱼育卵场"的天然孵化场，以推动鲑鱼的再生产。

1881 年（明治十四年），大川沿岸的九个村子签订协议，将塔下村范围内"从高濑到土渊"的区域设置为"鲑鱼育卵场"，规定在该区域内禁止捕捞，以保护小鱼的孵化、成长。第二年，府屋町村内也设置了

[1]　山北町史编辑委员会编《山北町史·资料篇》，第 402 页。

"鲑鱼育卵场"。在他们提交的设置内容报告书中，明确保证通过建立"鲑鱼育卵场"，今后"会长期致力于公益"的行为。可见在民众眼中，设置"鲑鱼育卵场"、努力提升鲑鱼的数量，这就是对"公益"的推动。

这种"资源保护"的思想和结构的确立，在大川鲑鱼捕捞中具有划时代的意义。根据鲑鱼生长发育等条件制定规则和机制，这在近世大川悠久的鲑鱼捕捞历史中，是从来没有过的。当然，关于河口部的禁渔区和禁止捕鱼时间的规定是存在的，但那是为了调节上下游村落或者邻村间的捕捞行为。即使从结果上看鲑鱼的个体数量增加了，但就规则本身来说它并非是以增加鲑鱼数量为目的制定的。如上所述，历史上的规定是为了防止人与人之间的矛盾和纠纷，而并不是为了鲑鱼的"增殖"。但是，此次规则的制定是与"增殖"相辅相成的，并且着眼于鲑鱼资源，是对鲑鱼本身进行"增殖"的尝试。我们必须要认识到这其中产生的思想上的巨大转变。

然而，"资源保护"这一概念先前并没有被民众所熟知和仔细考量，此番"资源保护"思想的比重不断加码，这令大川乡的人们感到非常困惑。在商定对策时，他们并没有就河川本身达成一致意见。比如大川上游村落的杉平村面对这样的情况，就提出了如下异议。

● 正当性的诉求和"资源保护"

此时，杉平村的总代表对岩船郡长提出了这样的异议：《鲑川议定》中对渔业方法的规定与从前并无不同，但现在已经不用再负担学校费用，而且各村落又可以"自行决定"，这样的话会影响到鲑鱼的"增殖"。

同时，杉平村向岩船郡长提出了两个方案。首先，一个方案是恢复以前《鲑川议定》的做法。另一个方案是，"在水产保护的基础上，以鲑鱼繁殖为目标"，将大约二千间（约3.6千米）的渔场设为"合并川"，即取消每个村落的渔场区划，统一"投标"，投标金的五成用于税金，剩余的五成充抵学校费用。后者的方案中明确提示了具体有效的"增殖"措施，即将"合并川"其中的五百间作为"鲑鱼育卵场"予以保护。

后者的方案，废除以往大川所重视的以村落为单位的渔场管理方式，使河川一体化。作为杉平村来说，地处河川上游，渔场也并不优良，这方面倒是有利可图，但对于其他村落来说，这是断然不能接受的。杉平村的诉求最终没有被采纳。

混乱不仅限于杉平村的诉求。除了塔下村区域内设置了"鲑鱼育卵场"之外，府屋町村区域内也设立了"鲑鱼育卵场"。次年即 1883 年（明治十六年）府屋町村和岩崎村提出与上游七个村落分离，自己进行独立管理，这一方案最终得以通过。

当时，两个村子向新潟县令提交了《批准请求书》，其中写道，基于水产保护的通告，府屋町村和岩崎村与"温出村以外六个村（上游七个村）"就"将来鲑鱼繁殖的方法"进行了协商，决定在鲑鱼捕捞时进行"合并"，设置"鲑鱼种川"（和"鲑鱼育卵场"同义）。关于种川运营的具体内容，《鲑鱼种川监管规则》作了明确记载，在第一条中首先就讴歌了"种川"设置的目的是"为了持久的水产养殖"。

此时，岩崎村和府屋町村在府屋町村所属土地的"下川端"支流设置"种川"，其目标是"水产增殖"。"种川"长 60 间，约 110 米以上，其上游和下游围制了篱笆，竖上竹子做标记。"种川"岸边建有小屋，有人值班，鱼汛期自不必说，鲑鱼鱼苗成长期也会有人负责监管、进行保护。甚至为了从干流分引四成左右的水进入"种川"上修建了工程。工程费用也是由府屋町村和岩崎村双方负担。当然，两个村子也会得到相应的返还。

"种川"开始使用已经过去三天，对于"老鱼"，也就是产卵后的鲑鱼，又名"种川浚"，如何对它们进行鉴别还不能确定，总之允许两个村子使用拖网和定刺网将这样的老鱼一网打尽。收益的百分之十作为储备资本，百分之二十作为府屋町村的应得份额，因为是他们把自己的捕鱼片区提供出来作为"种川"。剩下的百分之七十根据府屋町村和岩崎村的户数予以分配。另外,"种川"区域以外的捕捞依旧按照以前的方式实行。

和杉平村主张的河川流域整体合并不同,岩崎村和府屋町村单独独立出来和"种川"的独立运营,由于干流部分的捕捞活动都和以前相同,因此从逻辑上说,上游聚落的渔场管理并没有改变。并且,如果再生产能够顺利进行,那么逆流而上、游回上游的鲑鱼数量还有可能增长。当然,我们别忘了发生在宽政年间的那场河川之争。府屋町村和岩崎村本来在鲑鱼经营上就具有很高的一致性,又因为位于河口最下端,对上游鲑鱼捕捞产生的影响也最大。但是,不管怎么说这也是为了顺应"水产保护"和"繁殖"的时代强烈要求而采取的具体应对方案,对此上游聚落也不得不承认。只是,"水产保护"和"繁殖"这种事物是以前民众未曾经历过的,因此双方也都或多或少地有些担心。所以在"鲑鱼种川监管规则"的最后部分,添加了"实际过程中如果产生冲突,可以协商调整"这样一条内容。

值得注意的是,这个时代,杉平村和岩崎村、府屋町村在主张对鲑鱼捕捞进行内容变更时,都借用了"水产保护"和"繁殖"这种新词,使其诉求正当化。之前已经提到,近世大川乡的人们为了主张鲑鱼捕捞的正当性,将纳税作为根据。无论是和邻村的河川边界之争还是上下游之争,纳税的问题始终是申诉他人过失的根据。但是,在这个时间点上,大川流域围绕鲑鱼捕捞正当性的建构方式发生了巨大的变化。在这里,"水产保护""繁殖"这种和"公益"相关的词汇里包含的"资源保护"的价值,具有了名正言顺的权威性。

● 外来的"资源保护"思想

这种崭新价值的诞生和思想的转换并不是大川居民内发的创意,实际上是外来物。这和"公益"一词相同,也是因为和国家权力的相关性而受到接纳。

高桥美贵通晓近代渔业史，他指出 20 世纪 80—90 年代，近代国家的水产政策是"资源繁殖政策"。[1]根据高桥的观点，该时期水产政策的特征是同时参考了近世的惯习、制度与欧美的水产法制。例如 1881 年（明治十四年）颁布到各个府县的内务省通告乙第二号令中提道，"谋求水产资源的'增殖'是国家经济的要务，但国内不断持续的对'旧习'的破坏又确实对'水产的增殖'造成了阻碍，我们应该在实地调查的基础上致力于渔业保护及水产资源的'增殖'"[2]。因此，明治十三年颁布的新潟县通告甲第 201 号令《鲑鱼渔业监管规则》很有可能在当时那种世界规模的趋势下考虑到了当地惯习的部分。不过，那种惯习不是大川的惯习，而是其他地域、是三面川的惯习。

"种川"是指在河川中划分出一定区域作为产卵场，规定在那个区域禁止捕鱼，对鱼卵进行保护的方法。很多人深信，早在 18 世纪，三

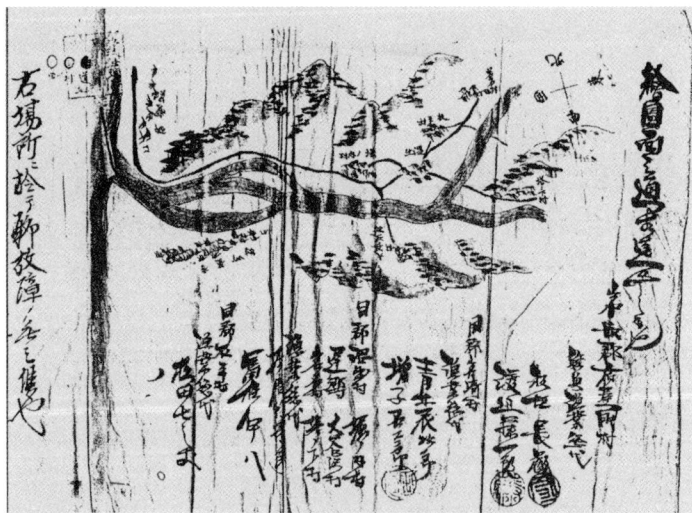

图 15 "种川"手绘示意图

---

[1] 高桥美贵《"资源保护时代"与水产》，《历史评论》650，校仓书房，2004 年 a。
[2] 高桥美贵《"资源保护时代"与水产》，第 26 页。

面川村上藩的下级武士青砥武平次就提出了这样的建议。并且认为其创意和功绩给村上藩带来了巨大利益，所以时至今日，村上藩的人们仍然对此赞不绝口。《鲑鱼渔业监管规则》中提到的鲑鱼"资源保护"系统很有可能是基于上述的当地惯习确立的。另外与之相呼应，大川采用的"鲑鱼育卵场""种川"等"水产保护""繁殖"的对策也是从流经山北町南面村上市及朝日村的三面川引入的。

这种引入具象的、外来的"水产保护""繁殖"对策以进行"资源保护"的思想当然不是这一地区自发形成的。它是外来的，并且是跨越了日本来自世界的。

日本自古以来就知晓鲑鱼产卵和溯流而上的相关习性，因此才在三面川等地实行了"种川"制度。从世界范围来看，通过人工授精等方法人为控制鲑、鳟鱼类产量的技术在15世纪的法国等地已经开始试行。[1]但实用性的增殖技术一直到19世纪末才在北美开发出来。例如1886年，美国、新西兰等地建设了孵化场，开始进行鲑鱼的人工孵化与放流。此外，19世纪90年代加拿大据说建立了85所官方孵化场，生产鲑鱼的鱼苗。[2]

在这样的世界形势之下，将鲑鱼增殖技术与"资源保护"思想引入日本的是被誉为"近代水产业之父"的水产学者、水产官员关泽明清。关泽首次将鲑鱼、鳟鱼的养殖技术和近代捕鲸技术、罐头制法等引入日本，为水产行政的确立和渔业的近代化做出了巨大贡献。另外，他之后还担任了水产讲习所（现东京海洋大学）的首任所长，作为日本近代水产业与水产增殖养殖的先驱，对水产界产生了巨大影响。

关泽在1873年（明治六年）作为明治政府派遣团团员赴维也纳参加万国博览会，得知了人工孵化技术的存在。虽然当时未能习得这项技术，但是1876年（明治九年）他再次被派遣出席在美国费城举办的美

[1] 松下高、高山谦治《鲑鳟聚苑》，水产社，1942年，第724页。
[2] 高桥美贵《"资源保护时代"与水产》，第29页。

国独立百年纪念万国博览会，并在那里学习掌握了鲑鱼、鳟鱼的人工孵化技术。

回国后，关泽立即在流经茨城县的那珂河上进行了人工孵化实验并取得了成功。那一年孵化的鱼苗被放流至那珂河。此事成为了日本鲑鱼人工孵化事业的开端。以此为契机，之后官民合力开始尝试在各地进行孵化放流。与此同时，鲑鱼的人工增殖也开始受到广泛关注。例如在1880年（明治十三年）三田已藏效仿三面川，在北海道游乐部川建立了鲑鱼的天然育种场。[1]明治初期，"水产保护""繁殖"的方略和"资源保护"思想已彻底渗透到了全国范围内从事鲑鱼捕捞的民众当中，或者也可以说被灌输了这样的观念。

而说到为"资源保护"技术与思想的普及做出巨大贡献的事件，便不得不提到第一届全国规模的水产博览会。实际上，在这个博览会上也展示了大川的鲑鱼捕捞尤其是传统的固筶捕捞。

第三节 "公益"的正当性——国家 进行的价值创造

● 早期人类学者眼中的固筶

1888年（明治二十一年），日本人类学草创时期十分活跃的人类学家之一羽柴雄辅来到大川乡，"发现"了大川乡的固筶。他在《东京人类学会杂志》第二十九期发表了《类似于竖穴式小屋的渔业》一文，这篇文章对于我们了解明治中期大川乡的鲑鱼捕捞业具有重要意义，其中

---

[1]　松下高、高山谦治《鲑鳟聚苑》，第 736 页。

不仅有见闻描写，还保留了有关固筱形态的素描。从这篇文章中可以看出，这种传统的捕鱼方法唤起了他心中强烈的远古印象。

> 今年[1]五月的第一个周日，我为了寻找古物来到越后国岩船郡[2]堀之内，途中经过岩崎和府屋。[3]在两个村子之间有一条名叫大川的河，河岸旁各处建有小屋，河面上可以看到很多叫固筱[4]的装置，是为了捕捞鲑鱼和鳟鱼等鱼类而设置的。捕捞方法是手里拿着前端带有钩子的竹柄[5]静静地观察，当从（一）、（二）两孔中看到有鱼藏在下面时迅速放下渔钩刺鱼。该用具的钩子是用另一根线绳系着的，可以很容易地从竹柄中脱离，收鱼的时候不需要使用竹柄，只需要把线绳提起来就可以了。这种简单的捕鱼方法我未曾眼见听闻。细细想来，固筱与"古筱"同音，应该可以认为是远古时期一种叫做"筱"的捕鱼方法的传承。[6]（着重点为引用者所加）

羽柴见到的固筱与如今仅存的固筱几乎没什么不同之处。羽柴把这种方法理解为与远古时期有关的、"原始的"捕捞方法。他认为，固筱的建造材料和结构样式古老稀奇，有远古的印记。使用"古筱"这一标识来表达对远古的追思，后来这一标识也被民俗学的创始人柳田国男收录到了他所监修的《综合日本民俗语汇》[7]一书中。

诚然，大川的鲑鱼捕捞业，可以说是被技能所支配的。所谓的技能，就是去追求某种知识的深化，这种知识是为了使用某种技术所必需的，像条件反射一般，沉淀在身体中，富有传承性、经验性。对于技

---

[1]　引用者注：明治二年。
[2]　引用者注：现在的山北町护城河。
[3]　引用者注：现在的山北町岩崎、府屋。
[4]　第一图一。
[5]　第一图二。
[6]　羽柴雄辅《类似于竖穴式小屋的渔业》，《东京人类学会杂志》第二十九号，东京人类学会，1888年。
[7]　民俗学研究所编，平凡社，1955年。

图 16　1888 年（明治二十一年）羽柴雄辅手绘的固笯图（羽柴，1888 年）

能的掌握有很大的个体差异，即使使用同样的工具，根据使用者的不同，生产效率或者生产的结果也会有很大的差别。技术革新带来了先进的渔网、渔帘、渔梁等能够一网打尽的方法，与之相比，大川乡鲑鱼捕捞中使用的渔叉、钩子这种属于手部延长线方向上的工具，由于依赖于技能，捕获量并不稳定。因此这种不稳定性，在羽柴心中根植下了落后的"原始性"渔业、远古传承下来的文化的意象。

羽柴在固笯中看到了远古文化的余韵。羽柴眺望的目光，透过固笯看向了数千年前那壮丽的历史。对"往昔"有着深刻关怀之心的他，大概会为固笯的"发现"而心潮澎湃吧。

但是质朴的人类学家在固笯中求索的古风感，实在过于田园牧歌。实际上，早在此五年之前，国家就已经详细调查了这种"远古的捕鱼法"，同时从近代科学的观点，对其做出了评价。而这评价与人类学者所怀抱的那种古风的传统文化从数千年前细致入微地传承至今的、牧歌般的意象相差甚远。

● 水产博览会与大川的鲑鱼捕捞

之前已经提到过，明治初期的水产行政积极参照了各地的旧约惯习。中央以通告的形式，向全国各地下达了指示，将这种活用推行到了地方政府。另一方面，中央层面也开始了对旧约惯习的总览工作。1877 年（明治十年），内务省劝农局设置了水产负责人，近代的水产行政正式开始了。同年，以发展生产、振兴工业为目的的第一届国内劝业博览会召开，会上展出了关于渔业的资料，尽管为数不多，也已经可以看到地方的信息开始向中央集中。在此基础上，1879 年（明治十二年），劝业局向地方政府下达通告，要求进行例行的渔业全国调查，在此过程中更好地摸索振兴水产的策略。

　　主导该例行调查的是劝业局职员织田完之，他在撰写的《水产汇考》中倡导要尊重旧约惯习："应该周密地考察各地渔村的惯习。通过考察渔业的兴衰，从多方面考量固有的实践方式。"[1] 该书还结合多方面思考叙述道："北海道诸地区应该参考越后三面川对于鲑鱼、鳟鱼捕捞的规定。"[2] 这里提到的三面川的规定，就是指以保护资源为目的制定的"种川"制度。这一时期，将各地的优秀技术或者制度推广到其他地方的行为是受到褒奖的。"种川"制度被引入大川，也是因为有这样的时代背景。虽然在大川没有找到直接进行旧约惯习调查的痕迹，但是明治十年至二十年，县里收到了很多关于捕捞量和捕鱼法的调查书，因此可以说，明治政府信息收集的浪潮，无疑也波及了大川乡。

　　1881 年（明治十四年）日本第一次设立了管理水产行政事务的机构即农商务省。以殖产

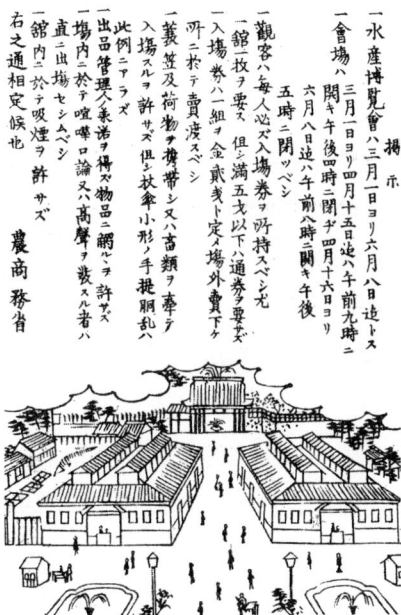

图 17　第一届水产博览会《水产博览会解说手册》中的插图（村上，1883 年）

---

[1]　织田完之《水产汇考》，寅宝楼藏版，1881 年，第 5 页。
[2]　织田完之《水产汇考》，第 2 页。

兴业的国家政策为本，为了更好地振兴渔业，农商务省谋划召开水产相关的全国性博览会的事宜。1883 年（明治十六年）3 月开始大约三个月时间里，第一届水产博览会在东京的上野地区召开了。此次博览会由来自全国各地的 10 557 名参展者共计展出了总计 14 581 件展品，可谓是一次相当大规模的盛会。[1]

当时正值大川乡的人们鉴于"水产保护""增殖"等社会潮流，积极地出谋划策，例如又是提议设置"种川"、又是考虑渔业分离等的时期。在此次全国博览会上，他们也展出了大川乡传统的渔业器具——固簗。

此次水产博览会，并不是仅仅为了收集、展出各地的稀奇渔具、渔法，而是在于"各地渔业盛衰的较量，也是渔业技术巧拙的比拼，以此开展捕鱼方法的交流，广泛谋求其技术改良的可行之路。因此，此次水产博览会的宗旨完全在于经济方面的考量"[2]。甚至可以说，这是一次以务实性、实用性、现实性为主旨的展会，抑或说是一次竞技大会。大川乡的固簗也参加了与其他地区捕鱼方法的比拼，对于其技术的巧拙，评审员给出了这样的评价。

先说结论，这是一个相当严苛的评价。

● 评审员的评判

第一届水产博览会的评审机制如下。根据《评审规则》第一条[3]规定，评审官对于各自负责的展品进行检查，判断其优劣，拟定是否进行褒奖的方案，并将其上交评审部长。评审部长对其合理性进行评审后，上报给评审主席，评审主席再协同负责博览会的干事进行讨论裁定，最后呈报给农商务卿[4]。

[1]　农商务省农务局《水产博览会报告》，1883 年，第 122 页。
[2]　农商务省农务局《水产博览会参展者心得》，1882 年，第 7 页。
[3]　农商务省农务局《水产博览会报告》，第 79 页。
[4]　农商务省的最高负责人，相当于现在的农商务省大臣。

全权负责这届博览会事项的负责人干事，是农商务省总书记官田中芳男。他是幕末到明治时期的博物学者，1867年（庆应三年）被派遣到巴黎参观万国博览会，学习西方先进的博物学以及有助于殖产兴业的博物馆行政学。以日本最初的博览会——国内劝业博览会为开端，他组织召开了多次博览会，为日本博物馆以及动物园的设立、制度的确立做出了有目共睹的贡献。他不仅是第一届水产博览会事务方的最高负责人干事，同时兼任展品评审的最高负责人——评审主席。

展品首先被区分为四大区域，分别是"第一区渔业部""第二区制造部""第三区养殖部""第四区图书与鉴品部"，每个区域下设评审部长共四名。"区"的分类项下设"类"，再以下设"其一""其二"等进行区分。在"其"这个分类项中有三至四名评审员负责展品的评审，以少数服从多数的方法确定对展品的评价。然后，再由评审部长对这个评价的合理与否进行评审，最终上报评审主席。

根据这样的参展种类划分，大川乡的固筱被划分在了"第一区渔业部·二类渔场·其一捕鱼采藻装置"，在此条目下接受相应的评审评价。这个分区的评审员汇集了当时水产养殖的官员、研究人员中的多名精英，例如以向后来的世界珍珠王御木本幸吉传授珍珠养殖技术而著称的山本由方、致力于小笠原岛调查与开拓的水野正连、致力于日本近代捕鲸事业发展的小花作助、镝木余三男等。

这里值得注意的是，负责回收汇总四名评审员评审结果的第一区评审部长，正是农商务省少书记官关泽明清。如前所述，关泽将鲑鱼的人工孵化技术与"资源保护"思想传入了日本。他在担任第一区评审部长的同时，也担任着博览会事务方展品科科长。关于博览会的运行事务，他承担着仅次于干事田中芳男的第二重大的责任。可想而知，在水产博览会的评审中，他的见解和意向具有很大的作用。并且在评审固筱的人员中，有一位评审员名叫镝木余三男，他是关泽的弟弟，受到了关泽强烈的熏陶。

在四名评审员严明公正的评价基础上，主审员山本由方汇总完成了《水产博览会第一区第二类展品评审报告》。[1]这份评审报告让人感到有趣的地方是它的启蒙性，报告书充分显示出作者想要向读者推广当时最先进的知识以及思想的意愿。山本首先将第二类分为"河渔装置部""海渔装置部"，接下来对每个部分都进行了详细的评论。固笯是在"河渔装置部"参与评审的。实际上不只是固笯，"河渔装置部"的很多展品都受到了严苛的评价。

● "资源保护"之评价尺度

第一届水产博览会上，"河渔装置部"的展品实际上有 108 种之多。其中 65 种被称为"常置渔具"。所谓"常置渔具"就是指像渔梁、箔笙之类设置在河川中，用以阻断鱼游路径，同时将鱼诱捕到其中的陷阱类渔具。固笯就包含在这类"常置渔具"中。

评审员们似乎对这种"常置渔具"印象尤其不好。这是因为对于高达"河渔装置部"三分之二比例的这些展品，他们认为："这足以说明，现在在我国，进行淡水捕捞工作的人员完全没有考虑到鱼贝类的增殖环节，他们使用残酷的设备进行捕捞。"[2]并将常置渔具划定为滥捕装置，进一步将使用常置渔具的人认定为毫不关心鱼类增殖的一类人。山本归纳整理了"河渔装置部"中的 108 种渔具，并制成一览表，在开头部分用煞有介事的口吻提醒大家留意，他是这样写的："我想让大家预测一下这里面有哪些种类的展品能够在此次水产博览会中光荣获奖呢？"[3]进一步问道："读者你们认为上面列表中的哪种装置最为环保并且有益呢？"[4]结果是 108 种展示渔具中仅有 7 种在博览会上获奖。借助这种少得可怜的最终结果表达了他对此类渔具的批判。

---

［1］ 农商务省农务局《水产博览会第一区第二类展品评审报告》，1884 年 a。
［2］ 农商务省农务局《水产博览会报告》，第 6 页。
［3］ 农商务省农务局《水产博览会报告》，第 7 页。
［4］ 农商务省农务局《水产博览会报告》，第 15 页。

山本强调说因为这是第一次在日本举办水产博览会，所以每个评审员都会尽可能地考虑到参展人情况，即使展品粗制滥造也尽量给予展出，就是希望尽可能地看到好的地方，多给予褒奖，即使是这样一种出发点，也没有对常置渔具给予认可。这真是犀利的评论。之所以会这样。他断言："展出的杀伤力大的常置渔具数量不得不说实在太多了。"[1]

山本在评审报告的总论中一一列举了常置渔具对鱼类资源的危害性，其依据来源于欧美的观念。他以欧美的"人工繁殖"和"法律"作为例证判定它的落后性。他认为，说到和鲑鱼捕捞相关的"常置渔具"，日本要比欧美的更精巧，但这并不是对它的肯定评价。"欧美文明国家"的渔具竟然比不上日本，我们也许会对此感到不可思议，但这是有理由的。他断言："一般来说，使用极为精巧的渔具的国家大多都是落后国家而不是先进国家。"[2]在日本政府官员的眼中，对于建设文明开化、可以与欧美列强抗衡的国家来说，这是无法置之不理的大事。

看到这种彻底、强硬的批判性言论，我们也就能理解为什么当时的水产官员、研究学者会对"资源保护"表示出极大关注，强烈地希望将这种方式引入日本。这是因为对他们来说，"资源保护"是比"生产力"更为崇高的价值。这个时期不仅是关泽明清把鲑鱼的人工孵化技术等划时代的技术和"资源保护"的划时代思想引入日本，而且由关泽明清主导的整个水产行政工作中也都已经完全渗透了这一现代性的前沿想法。

当然，我们还要注意到这个"资源保护"的想法和当时国家提出的富国强兵、发展生产、振兴产业的口号一致，而和现在以维持各个地域环境和人类生活而进行的"资源保护"的探索并不相同。

---

[1]　农商务省农务局《水产博览会报告》，第16页。
[2]　农商务省农务局《水产博览会报告》，第22页。

● 不受欢迎的固筳

　　当然，固筳也是在这样的体系下接受评价的。展示固筳的人叫本
间贞吉，关于这个人的性格以及展示时的具体情况等内容不清楚。评审
员山本由方在评审报告中对固筳相关的内容给予了否定的评价："虽然
只有固筳这一渔具所需经费少而所获利益大，但如果对捕捞者和渔场不
设置限制的话，会对鱼的增殖带来极大伤害，因此固筳称不上是优良渔
具。"[1] 果然，和其他常置渔具一样，固筳被看作是滥捕渔具而不受好评。
加之它很容易操作，因此评审员认定它在捕捞活动中具有非常大的危险
性，对此敲响了警钟。关于固筳的简便性，之前我们已经提到这个时代
有一位人类学者，在他眼中，固筳是一种古老的、具有原始闲适意向的
存在。但近代水产学的激进人士们，却持有完全相反的看法。也许正因
如此，同各地展示的其他捕捞方法相比，对固筳的评价占据了更多篇幅。
　　因为山本是第一次看到固筳这种特殊样式的渔具，所以表现出很大
兴趣，他在评审报告中详细描述了它的构造：

　　　　在鲑鱼开始洄游之前，要提前用树枝做出固筳的框架，将它牢
　　固设置在河川上游的一侧，顺应水路来调整水流缓急。但是到了捕
　　捞期，要用柳枝茅草之类的覆盖在固筳四周，只在对面水底处保留
　　一个开口，让鱼能够自由出入，同时为方便捕鱼，在上方保留甲乙
　　两个开口，有时通过这个开口来清扫固筳内部以保持清洁，然后在
　　周围覆盖竹叶。这是考虑到对鱼类来说，它们喜欢游到有树影的地
　　方。然后在上游的水底里放入蕨草，以调整固筳中水流的缓急。放
　　置竹叶和蕨草的技术好坏很大程度上影响着捕获的数量。同时为了
　　捕获鲑鱼，还要在固筳附近的岸边建一个小屋作为休息场所，有时

---

[1]　农商务省农务局《水产博览会报告》，第 19 页。

需要巡查确认固簎内部的情况，如果有雄鱼游进来的话就可以毫不费力地用渔钩钓上来。有时如果雌鱼一起游进来的话，就只钓雄鱼不钓雌鱼。因此雌鱼会很随意，有的会回到产卵的地方，有的就安然自得地在固簎中游来游去，仿佛全然不知捕鱼者的存在。因此别的鱼也会悠然地一起游过来。而且鱼喜欢游到有树影的地方，它们一旦进入固簎中发现没有人，好像就会安心地睡着。即使渔钩钩到鱼的身体，它也不会左右摆动，惊扰到其他鱼。因此用这种方法可以捕捞到很多鱼。听说自古以来日本越后地区就使用这种固簎，只是使用的地区很少。[1]

本间贞吉展示的是固簎的模型和"示意图"，当然，评审员他们也没有亲眼见过固簎的实物。大概是因为参展人附带了解说内容，所以山本关于固簎的构造和使用方法的记述还是非常准确的。因此评审员也十分敏锐地捕捉到，由于固簎的性质十分吻合鲑鱼的生态习俗而由此带来的更大伤害力。

在这次水产博览会上，山本首次见到了固簎的模型和示意图，他想象固簎是一种安置在水中的方形小屋状的装置。然后他阐述道，固簎的构造虽然非常"稚拙简单"，但其周围放置有"带叶的竹子"，随水流动以制造阴影，就这个创意而言，固簎可以说是"适合鱼类习性的装置"，有效利用了鱼类的习性。此外，他还指出，虽然用渔钩捕鱼的方法乍看多此一举，但这反而使得操作变得简单，体现了其简便性。然而对于评审员而言，固簎的这些突出特点反而成为了减分项。山本在评审报告中这样写道：

该县[2]早已颁布了鲑鱼监管规则，规定每个周六、周日禁止捕

---

[1]　农商务省农务局《水产博览会报告》，第26—28页。
[2]　新潟县，引用者注。

鱼。这和欧美的制度并无二致。因此，尽管从固笯的性质而言，其严重影响了鱼类的增殖，但我认为其作为渔具及捕鱼方法无可厚非。话虽如此，但是在政府还未颁布监管规则以及渔民还未注意到对鲑鱼予以增殖的地方，我认为应坚决禁止使用固笯捕鱼。究其原因，是因为在所有河川中像这样安装常置渔具会使捕鱼变得更加便利，这势必会导致滥捕[1]……对于普通人而言，着眼将来，放弃[2]眼前利益，是极为困难的事情。所以在没有颁布完善的监管规则的地方，即使以谋求更好的增殖为借口，也应该禁止使用这样严苛的渔具。（着重点为引用者加）

读完这份报告，我们可以明白，评审员们对固笯抱有一种无法释怀的厌恶感。所谓参照"欧美的制度"、杰出的、地方政府颁布的《鲑鱼渔业监管规则》，应该指的就是先前说过的明治十三年颁布的新潟县通告甲第 201 号令吧。正是因为它的存在，大川的固笯捕鱼才没有受到责难。但是，说是着眼将来而放弃眼前的利益是非常困难的事情，这也是人之常情。所以在没有制定完善渔业规则的地方必须禁止使用固笯这样严苛的渔具。评审员们一致认为，固笯是极为简便、捕鱼效率极高的捕鱼方法，也是

图 18　新潟县的小学课本《新潟县域内小学水产》中描绘的固笯
顺带一提，该图参照了第一届水产博览会展品介绍中的内容，所以画面中会有截断河水的场景，而这与实际的固笯是有出入的（细野，1886 年）

---

[1]　乱捕，引用者注。
[2]　丢开，抛弃，引用者注。

容易引起滥捕的危险捕鱼方法。

　　这种判断在某些方面是有一定道理的。固笯是一种诱使鲑鱼游入的辅助渔具。与不使用固笯相比，使用固笯的渔民们能够捕获更多的鲑鱼。但是，对照近世数百年间固笯捕鱼法没有被废除而是传承下来的事实来看，不得不说那种判断过于片面。

　　无论使用哪种渔具的捕鱼方法，在没有使用规则的情况下都很有可能造成滥捕，这并不仅限于固笯。固笯不具备完善的陷阱装置，鲑鱼随时都有可能从中逃脱，把它与拦截河川、安装有巧妙装置的渔梁和渔帘相提并论，甚至视之为恶人，这是不符合情理的。如前所述，即便没有欧美的规则，也有当地的规则来规定其使用。当然，这是以防止渔民们相互倾轧为第一要义而制定的规则，但从结果上看却在保证鲑鱼资源不灭绝的情况下长期持续了下来。正是由于这种渔业监管规则的存在，与之相冲突的定刺网捕鱼法就从大川消失了。不只是渔具，当时的评审员应该也必须看到大川存在这种规则。

　　但是，即便他们知道这种规则的存在，也不会感到十分满意吧。因为他们所认为的价值不在于维持村级的鲑鱼捕捞，而在于从国家层面入手、以鲑鱼增殖为目的的"资源保护"，这是极大超越了地方性价值的。

第四节　"公益"一词的内在能量

● 备受喜爱的"增殖"

　　在这次博览会上，明治初期的水产官员及学者仿佛并不特别关注"鲑鱼捕捞技术"，而是格外执迷于"鲑鱼繁殖技术"。第一次水产博览会一共设了四大展区，其中在"第三区养殖部"的展区对"鲑鱼繁殖技术"予以评审。

第三区的评审部长是东京帝国大学副教授、农商务省负责人松原新之助。他跟随博物学学者、政府聘任的外国教师弗朗茨·希尔根多夫（Franz Hilgendorf）学习鱼类学，同之前介绍的关泽明清等共同兴办了水产传习所，是一位锐意进取的水产学者和官员。1880 年（明治十三年）在柏林举办的万国渔业博览会上，希尔根多夫负责联系日方展品。松原也被派往此次博览会，可以说他和关泽等人一样，属于学习欧美先进水产行政的留洋派。

该展区共有四名评审员，其中包括关泽明清的弟弟、负责审查固篊的镝木余三男。评审结果由副评审员岩岛匡徵汇总成《水产博览会第三区展品评审报告》。[1] 从岩岛的总论中我们可以得知，在当时，养殖、繁殖等人工鱼类增殖技术受到高度重视。人们认为它有可能实现国家粮食增产尤其是物美价廉富有营养的粮食的增产。然而实际上在当时的日本，养殖、繁殖这种"资源保护"的思想尚未深入人心，而且实例也并不多见。因此，博览会第三展区的展品数量少得可怜，还不及各展区展品数量的六十分之一，更无从论起参展的意义。[2] 与其他三个展区相比，第三展区稍显冷清。

但是，相对于展品数量的低迷，对展品的评价却非常高，呈现压倒性优势。岩岛对此称赞有加："不同于展品数量上的颓弱，经统计（第三展区的）展品的获奖数达到了总获奖数的十七分之一，若以各展区展品数和获奖数为基准进行比较，本展区的获奖比例是其他三个展区的三倍之多。这将可能为此项事业提供助力，也使我们感到些许欣慰。"[3]

如前所述，在"第一区渔业部·二类渔场·其一捕鱼采藻装置"的"河渔装置部"对固篊的评审中，108 种渔具都被评价为"残酷的装

［1］　农商务省农务局《水产博览会第三区展品评审报告》，1884 年 b。
［2］　农商务省农务局《水产博览会第三区展品评审报告》，第 10 页。
［3］　农商务省农务局《水产博览会第三区展品评审报告》，第 10 页。

置"，获奖的仅有 7 种。在这方面，两者刚好呈现完全不同的局面。可以说水产博览会第三展区获得如此高的评价，恰恰是当时很多水产官员和学者将"资源保护"作为水产行政的理想进行高度宣扬的明证。

岩岛在评审报告的"鲑鳟（樱鳟等）、大马哈鱼（山女鳟、甘子鱼等）"一项中对鲑鱼的孵化养殖进行了解说，详细阐述了它的优越性、先进性，并用一个重要的关键词——公益，对其进行了高度评价。

● 践行"公益"是最高的称赞语

在《水产博览会第三区展品评审报告》中，岩岛用"公益"一词高度评价了增殖事业。尤其对于鲑鱼、鳟鱼类的繁殖事业，"公益"一词的使用更显频繁。

例如滋贺县的加藤幸二郎展出了"养鱼场模型"和"大马哈鱼繁殖过程展示"。虽然这项展品本身在规模和方法上"不足为奇"，但是因其

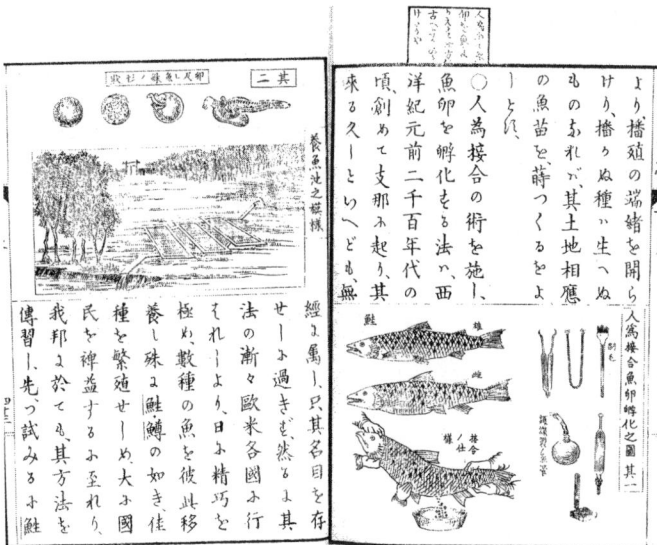

图 19　小学课本《小学水产》中涉及的"人工孵化术"的说明
（河原田，1882 年）

被认为"对公益事业大有裨益"而博得好评。[1]

此外，静冈县的熊切养鱼场展出了"养殖鲑鱼"和"养鱼场建设图"，同县一位名叫栗田辉永的人展出了"养殖鲑鱼鱼苗"。他们也都受到了很高的评价，被认为"足见其从事公益事业之心甚笃"。

另外，兵库县开成社展出了"鲑鱼培育过程演示"和"养鱼场建设图"，山口县殖鳞社展出了"养殖鲑鱼鱼苗"，新潟县生产社展出了"养殖鲑鱼"和"养鱼场建设图"，虽然他们都是刚刚起步，发展时日尚浅，还未见显著成效，但是他们表示"我们期望能实现各地鱼类的移殖。我们所展示的是有助于推进公益事业的美学，对此我们深信不疑"。相对于他们在鱼类增殖事业上的成果，其勇于尝试的风格得到了高度赞扬。

从鲑鱼这种北方性鱼类的生物学特征来看，虽然在静冈等地推进鲑鱼增殖事业略微有些困难，但是在当时，九州、熊本及至大分等各地区，不仅是政府，就连民众也在积极尝试"鲑、鳟鱼类"的增殖事业。在鱼类相关科学知识匮乏的年代，人们有时会进行稍悖常理的摸索尝试，这种精神和热情是十分高涨的。利于"公益"这一命题在地方上得以不断渗透。

这些称赞语中"公益"这一关键词从评审员口中脱口而出，似乎显得过于频繁。可见在当时它很大可能是一种遵循定型化格式的表现。另外，在水产博览会给予获奖者的评语——《水产博览会评审语》[2]里，"公益"一词也频繁地出现在与鲑鱼渔业相关的获奖理由中，也很好地说明了这一点。

函馆县的冈野赖等展出的"鲑鱼育苗法及鲑鱼"也受到了褒奖，其评语中显示的是，鉴于其模仿"越后国三面川"的方法设置"种川"这一尝试，嘉奖其从事公益之心。同样获得表彰证书的还有新潟县新发田的生产社，他们展示了"鲑种场图""养鱼场图""养殖鱼苗"，尽管生产

---

[1] 农商务省农务局《水产博览会第三区展品评审报告》，第42页。
[2] 农商务省农务局《水产博览会评审语（第三部）》，农商务省农务局，1884年c。

社创立时间不长、成效也不显著，但是评审认为"旨在追求公益给予嘉奖"。[1] 此外，获得四等奖的是新潟县阿贺、早出两条河川的共计五名负责人，他们展示了"鲑鱼种川图""鲑卵""鱼苗"，他们和函馆县冈野一样模仿了三面川的方法，和新发田情况类似，也是成立时间不长、成效尚不明确，但被认为"旨在追求公益给予一定嘉奖"得到了表扬。[2]

●"公益"逻辑的推动力

对于新发田的生产社和新潟县阿贺、早出两条河川五位负责人的评语几乎相同。不同的是后者在"给予嘉奖"前面加上了"一定"的表述，这值得我们注意。这是对嘉奖，也就是说对认为好的进行表扬这一含义又进行了进一步的强调。表述的差异体现了褒奖程度的不同，所以一个是授予表彰证书，一个是授予四等奖。

实际上，后者的这个褒奖评语依据了水产博览会官方规定好的模板化评价标准。据说全权负责博览会事务的农商务省总书记官田中芳男，他手头有一本手写版评语示例集，书名叫《水产博览会褒奖评语近似语示例》，该书现由东京大学图书馆收藏，书中明确规定例如一等奖、二等奖、三等奖、四等奖分别使用"特别予以嘉奖""值得大力嘉奖""实则需要嘉奖""给予一定嘉奖"的评语表述，表彰证书只需写"给予嘉奖"即可。评语基本都是确定好的格式。

但是，"公益"的表述在示例文集中却没有找到。同时"公益"又是鲑鱼增殖工作中多次出现且异口同声的表述，由此我们可以判定这是在评审员之间形成共识必须要使用的、一个老套的口号。这个口号直接明了地表达了明治初期日本水产学与水产行政确立的价值观。此外，正如我们所了解的，这种价值观甚至已经渗透到了远离中央的山北这样的

---

[1]　农商务省农务局《水产博览会评审语（第三部）》，第20页。
[2]　农商务省农务局《水产博览会评审语（第三部）》，第22页。

偏僻地方，而且当地为迎合这种价值观已经开始了各种试点，这样的上下联动值得我们仔细回味。大川乡的民众，他们试图通过"鲑鱼育卵场"这样的鲑鱼增殖方法，满足中央对"公益"的要求。但是他们或许并不知道，他们在现实中采用的固籪捕捞方法，已经被中央评判为反"公益"的做法。

中央政府在明治初期的时候，就已经了解到山北的捕捞方法，并且他们从欧美的先进理念出发做出了评判和裁定。尽管如此固籪还是得以幸免，原因就在于大川乡的民众他们用"鲑鱼育卵场"的方法回应了"公益"要求；地方政府发布的渔业规则中也充分体现了符合中央条框下的近代"资源保护"的内容。如果没有这些措施的话，恐怕固籪早已经被作为明治政府的反面典型而予以取缔了。现实中，很多地方的鲑鱼捕捞就由于违背了"资源保护"的"公益"思想而被政府叫停，秋田县等地就有这种情况。

秋田县在 1880 年（明治十三年），也就是新潟县出台渔业规则的那一年，引入了种川制度，禁止有碍资源增殖的渔具、捕捞方法以及河口区域刺网、定刺网的使用。结果导致南秋田郡相染新田村由于无法在河口捕捞鲑鱼，而面临难以维系生计的问题。不得已，该村向县厅请求希望允许继续捕捞活动。然而县厅对此的反应十分冷淡，回应说"水产审查结果是你们的做法严重损害资源增殖"，"为了实现大层面的利益，不得已就要舍弃小层面的利益"，总之"我们要以公益为主导"，拒绝了该村的请求。[1] 这里也出现了"公益"的表述。也就是说，只要是不符合"公益"逻辑的渔具、捕捞方法，都一律予以禁止。可见，"公益"这一词语在当时日本具有的社会影响力之大。同一时期，大川区域围绕"公益"的说法也是传得沸沸扬扬，大家尝试了各种方法对策，都是反映了同样的时代背景。

---

[1]　高桥美贵《近世"渔业政策"的展开与资源保护》,《日本史研究》501，日本史研究会，2004 年 b，第 139—140 页。

第五节 作为共有资源的"河川"的近代特点

● 近代渔业制度的确立

让我们把话题拉回到大川。

明治10年代，除了塔下村流域内的"鲑鱼育苗场"，府屋町流域也设立了"鲑鱼育苗场"，这种做法满足了国家对"公益"的要求，使得鲑鱼捕捞得以存续下来，但很快其又不得不面临新的改变。同样的，这也是来自近代国家的需求。

1886年（明治十九年），农商务省令《渔业组合准则》颁布，它规定国内的渔业从业者需要对固有惯习进行商讨，承担推进新的渔业组合的组织化和制定组合规定的相应义务。与此对应，明治二十年，大川的渔业跨越了沿河地域，其中一部分开始过渡到更大的单位管理之下。与岩船郡其他的主要河川，包括三面川、荒川、葡萄川和立岛川，一同被岩船郡三面川外四川渔业组合统合在了一起。这是官方主导的制度改变，由此近代化的渔业组织、运营和管理也被引入到了大川流域。即所谓的近代渔业组合的诞生。

根据《岩船郡三面川外四川渔业组合中山熊田川・雷川（两条河川都是大川的支流）沿村渔民规定细则》，[1] 首先，大川谷村（岩崎、府屋、堀之内、温出、塔下、岩石、大谷泽、迟乡、杉平、荒川口、朴平）与中俣村（中继、小俣）大川沿岸的十三个大字片区都作为小组合被编入了岩船郡三面川外四川渔业组合。各自的村落通过渔民之间的互

---

[1] 山北町史编辑委员会编《山北町史・通史篇》，第403—405页。

相投票选出一名渔业总代表，他们肩负监督各自村落渔业的职责，是小组合的议员。此外，当时还从岩崎、府屋选出了一名，堀之内外十个大字片区选出了一名共计两名董事，他们兼任渔业组合事务所的总代表和岩船郡渔业会的议员，负责召集各村落的渔业总代，进行"渔业上的商议"。之所以从岩崎和府屋、其他的上游村落这两方选拔董事，就像前文所阐述的那样，是因为在明治十年，两个地域都分别设立了"鲑鱼育苗场"，并开始独立地运营鲑鱼捕捞事业。而在这一次，它们被视作同一河川的流域，被再次统合在一起。只是在涉及捕捞运营的问题上，《渔民规定细则》还是对各村落的情况做出了考量。

各村落虽然承担着组合费，但在岩崎和府屋，对"秋川（鲑鱼捕捞）"和"夏川（香鱼捕捞）"两项征收的组合费实行的是"户口分摊"，即村落各家平等地进行分担。而在堀之内、大谷泽、温出和塔下，"秋川"实行"户口分摊"，"夏川"则实行"渔具分摊"，即在香鱼捕捞这一项上，只有进行香鱼捕捞的渔民才需承担费用。此外，在鲑鱼洄游数量较少的杉平、迟乡、岩石地区，"秋川"实行"一渔具附加一户分摊"，"夏川"则实行"渔具分摊"，其他上游地区的荒川口、朴平、小俣、中继则因无法开展鲑鱼捕捞，而被免除了"秋川"的组合费。《渔民规定细则》中同样也包含了针对违反规定或未缴纳组合费的情况的处罚规定（由组合会决议下发停止捕捞的命令）。

自古以来，村落和沿河流域共同体作为传统意义上的鲑鱼捕捞主体，始终全权掌管着以鲑鱼为主的共有资源大川的运营。但是到了该时期，鲑鱼捕捞的运营转移到了渔业组合手中，由他们明确规定职责与任务、根据规定组织化地进行管理。无疑，它是近代渔业行政的产物，是为了应对村落或地区以外发生的状况与管理。由此，一个地域的传统鲑鱼捕捞，名副其实地被纳入了中央集权支配体制下的基层组织。

但是从根本上来说，大川的鲑鱼捕捞在这个时期并未达成彻底的变革。捕捞鲑鱼的渔场和从前一样分属于各聚落（大川乡的人们是如此认为的），所以才会从各聚落中选出相当于聚落利益代表的"渔业总代"。

因此这个时期鲑鱼捕捞的变化，我们可以认为是从前流传下来的惯习与近代的要求磨合下的产物。

●"公益"与"共益"

然而，1894年（明治二十七年），近世以来持续了数百年之久的大川渔业的存在方式，开始出现根本上的改变。始终处于聚落管辖之下不可侵犯的、因循旧习之上的聚落渔场使用权，要以沿河流域为单位进行统一。

这一事件的契机是源自前一年，也就是明治二十六年11月20日新潟县对《渔业监管规则》的修订。《渔业监管规则》要求，必须在大川等新潟县主要河川的"上游及河口"区域设立"禁渔场"。上游部分的"禁渔场"要根据河川的状况从中选出一两个适合鲑鱼产卵的区域，并以长度三百间（约合550米）为标准。河口部分的"禁渔场"则以离岸二百间（约合360米）方形、从河口到河面一百间（约合180米）为标准。[1]

此外，《渔业监管规则》中还专门设置了固笯捕捞法相关的条文。即第三十八条规定，"诱捕鲑鱼之固笯及方言所说'简易固笯'等类似构造之物两两之间均须间隔三十间以上"，也就是说设置在河川里的固笯之间的间隔距离必须在大约55米以上。这是因为当地政府认为，固笯设置过于密集对保护鲑鱼资源毫无益处。

这次规则修订让实行鲑鱼捕捞的大川乡九个村落的人们不得不寻求新的应对方法。人们在充分讨论的基础上，签署了《鲑鱼渔业契约书》。[2] 同意将塔下流域内的高濑约三百间的部分确定为上游的"禁渔场"，下游的"禁渔场"则选取了不涉及岩崎和府屋，从河口开始一百

---

[1]　《渔业监管规则》第三十三条。
[2]　山北町史编辑委员会编《山北町史·通史篇》，第405—406页。

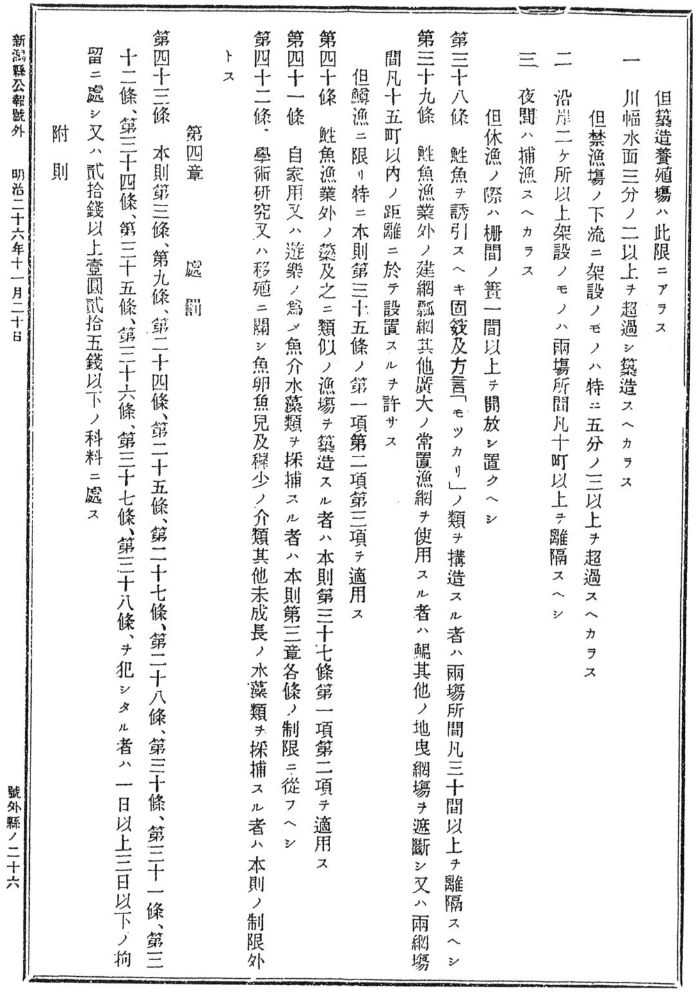

新潟縣公報號外　明治二十六年十一月二十日

一　川幅水面三分ノ二以上ヲ超過シ築造スヘカラス
　但築造養殖場ハ此限ニアラス

二　沿岸二ケ所以上架設ノモノハ雨場所間凡十町以上ヲ離隔スヘシ
　但禁漁場ノ下流ニ特ニ五分ノ三以上ヲ超過スヘカラス

三　夜間ハ捕漁スヘカラス

第三十八條　鮏魚ヲ誘引スヘキ固笯及方言「モッカリ」ノ類ヲ構造スル者ハ雨場所間凡三十間以上ヲ離隔スヘシ
　但休漁ノ際ハ棚間ノ箕一間以上ヲ開放シ置クヘシ

第三十九條　鮏魚漁業外ノ建網瓢網其他質大ノ常置漁網ヲ使用スル者ハ鰻其他ノ地曳網場ヲ遮斷シ又ハ雨網場間凡十五町以内ノ距離ニ於テ設置スルヲ許サス
　但鱒漁ニ限リ特ニ本則第三十五條ノ第一項第二項第三項ヲ適用ス

第四十條　鮏魚漁業外ノ婆及之ノ類似ノ漁場ヲ築造スル者ハ本則第三十七條第一項第二項ヲ適用ス

第四十一條　自家用又ハ遊樂ノ爲メ魚介水藻類ヲ採捕スル者ハ本則第三章各條ノ制限ニ從フヘシ

第四十二條・學術研究又ハ移殖ニ關シ魚卵魚兒及稚少ノ介類其他未成長ノ水藻類ヲ採捕スル者ハ本則ノ制限外トス

第四章　處罰

第四十三條　本則第三條、第九條、第二十四條、第二十五條、第二十七條、第二十八條、第三十條、第三十一條、第三十二條、第三十四條、第三十五條、第三十六條、第三十七條、第三十八條、ヲ犯シタル者ハ一日以上三日以下ノ拘留ニ處シ又ハ貳拾錢以上壹圓貳拾五錢以下ノ科料ニ處ス

附則

图 20　1893 年（明治二十六年）修订后的《渔业监管规则》中对固笯的限制（第 38 条）

间的地区。

　　但是这种类似禁渔区的应对方法，其实大川早已有所准备。早在1881 年（明治十四年），塔下村流域内就将"高瀬至土渊"的区域作为"鲑鱼育苗场"，禁止渔捞；第二年，府屋町村流域内也设立了"鲑鱼育苗场"。它们之间并没有什么差异。不如说，这个时期通过决议进而采

用的"联合渔业"这一对策，与从明治初期开始的种种变革有着截然不同的性质。如下文所示，《鲑鱼渔业契约书》中规定自明治二十七年开始三年时间里，将会以如下方式实行"联合渔业"。

> 鲑鱼渔业契约书
>
> ……第三条
>
> 该渔业之实行法，除去禁渔渔场之外，将选定适宜捕捞区，通过竞争投标获得之收入将以如下方式进行分配：
>
> 大字府屋町　大字岩崎　大字堀之内
>
> 大字大谷泽　大字温出　大字塔之下
>
> 以上六个大字以该年度村税费负担之单户数量为准进行分配。寄留者除外。
>
> 大字杉平　大字迟乡
>
> 以上两个大字以每一大字两户为准，大字岩石则以三户为准进行分配。
>
> ……第四条
>
> 大字府屋町、大字岩崎、大字堀之内、大字温出每年应将第三条分配金额之百分之五捐赠予大川谷寻常小学供其使用。[1]（着重点为引用者加）

从这份契约书中我们可以得知，所谓的"联合渔业"，就像前文所介绍的1878年（明治十一年）的"渔业合并"一样，这项改革并没有停留在单纯的联合缴纳租税、统一渔具和捕鱼法层面。而是废除了自古以来以村落为单位的共有资源渔场的划分，由渔业组合重新进行了规划，在其管理下通过竞争投标来决定渔场的使用者。但是涉及相关收益，则并未脱离各个村落的自律性。

---

[1]　山北町史编辑委员会编《山北町史·通史篇》，第405页。

　　投标获得的收入，首先根据缴纳大川谷村税的户数对总的数额进行分配。岩崎、府屋、堀之内、大谷泽、温出、塔下以缴纳村税的户数为准进行分配，岩石以三户为一份额进行分配，迟乡、杉平则以两户为一份额分配。

　　直到最近为止，大川鲑鱼渔场的投标依旧由各村落进行组织，这一点前文已经进行了阐述。但是这种渔场使用惯习的渊源，从史料上只能追溯到近世。此外尽管大川在近世显然已经作为村落的共有资源，成为了村落的财产，但它身为财产的收益，是否呈现的是鲑鱼捕捞产生的直接利益分配（鲑鱼渔民的利益）和开放鲑鱼捕捞权产生的利益分配（投标收益等村落的利益）的二重构造，这在史料上尚不明确。在近世，有可能只存在鲑鱼渔民对大川单纯的直接利用和由此获得的利益，村落之间也仅停留在为保全这些利益而发生争执的层面。

　　如此看来，在这个时期首次得到明确，这种间接回归村落的利益分配系统的明文化，从大川的社会形态来看，可以理解为是一次巨大的飞跃。也就是说，竞争投标这一制度使渔场使用权限的价值被置换为货币价值，通过征收鲑鱼渔民收益的一部分并由村落进行分配这一方式，一种给村落全体都带来利益的方法诞生了。这个系统让作为共有资源的河川空间上的收益产生的价值，从个人的所有物上升到了整个社会的所有物。

　　当然对各个村落来说，渔民通过捕捞鲑鱼而获得的直接经济利益，正是整个村落的利益。但是村落获得的这种间接利益，即将渔民直接利益的一小部分征收为村落的所有物，正是这一点提高了河川的共有性意义和社会性意义。即使是现在，大川乡的人们回忆起来还会说："从前，鲑川的收益几乎抵消了村落必需的所有费用"，甚至有个村落实际上直到 20 世纪 70 年代后半期，还将鲑川投标金的一部分用作村落的运营费，并平等地分配给村落的每家每户。在鲑川之上，每个人在"提升利益"这一构想的基础之上，还附加了让大家都能获得利益的构想。

　　这样的构想是出自当地，还是来自外界，我们无法从史料上进行明确的判断。此外，《鲑鱼渔业契约书》也未记载接受分配的各个大字是如何使用那些费用的。但是从明治已然过半的这个时期开始，我们已经可以确定，鲑川收益的一部分被用来返还给村落全体的这一系统有了明文规定。这样的系统，可能也受到了前文所述明治政府主导"公益"思想的地方教化的某种影响——从某种意义上来说，"公益"的含义被误读了。

巧的是，促使大川乡的人们尝试"联合渔业"的《渔业监管规则》末尾，新潟县知事笼手田安定也曾写道："抛弃私利，永远为公益考虑"，表明了对"公益"的重视。这要求在鲑鱼捕捞时，与河川渔业处于竞争关系的沿岸渔业也应该以鲑鱼增殖这一"资源保护"下的"公益"思想为引导。这个时代，"公益"思想显然得以全面普及，甚至被进一步强化了。从这个视角来看，这时的《鲑鱼渔业契约书》重新规定将鲑川的收益用作给小学的捐款，这一点也就不难理解了。

用鲑川的收益冲抵村落的自治费用，并将之平等地分配给村民，这种构想也许是在将村落的各项活动提高到"公益"的高度的近代运动之中无意识地产生的。但是从结果来看，它确实实现了"共益"。对于这个时代的人们来说，有利于"公益"这一新的思想，确实可能对人们的"共益"，也就是围绕共有资源的利益问题产生了影响。

● 共有资源是去"公益化"的吗？

基于《鲑鱼渔业契约书》进行的"联合渔业"，乍看像是一个给村落返还利益为目的的合理化系统。然而，它的利益分配方式却不区分各村落渔场的品质优劣，而以村落为单位缴纳村税，户数越多村落的收益越大。这一方式并不一定能反映鲑鱼捕捞的实际成果。无论本村流域内的渔场如何优质，竞标所得的利益却与之毫无关联，而是平等分配给河流沿岸全部。伴随着这样的利害关系，又或许是因为在制定合同之后，古来属于本村的河流区域遭到外人的蹂躏，村民在情感上难以接受，所以这一"联合渔业"并未长期持续下去，河流沿岸的联合方式也瓦解了。随着渔业组合实行了鲑鱼捕捞的制度性管理，各村落也再次延续了多重的渔场管理与运营。源于近世的悠久历史下确立的民众对大川鲑鱼渔场的共同体归属意识，也得以承继下来。不如说在这之后，它作为村落的制度反而得到了进一步加强。

到了大正时期，鲑川与村落之间的紧密联系变得更为凸显。例如前面提到 1923 年（大正十二年）塔下村的《总代日志及出纳》，其中写道鲑川的投标过程由村落的总代表负责调度。并且当年的中标金除了用于冲抵塔下村镇守金峰神社秋季例行祭礼的经费之外，还以每户 11 元 75 钱的金额分给了加入村落的所有住户。

进入昭和时代之后，鲑鱼捕捞更是真正成为了村民的权限。前面提到成书于 1928 年（昭和三年）的塔下村落规则《村落加入规约》，规定"加入村落的义务履行完毕后即可加入鲑川渔业"，村落里所有的人家都被赋予了进行鲑鱼捕捞的权利。

然而鲑鱼捕捞和村落之间如此紧密的关联性，实际上却是被官方所否定的，它被视作违法之物。1929 年（昭和四年）渔业监管监督官在大川进行了现场检查，结果发现此地存在违反渔业规定的行为。这里的违规行为，便是指村落运营下的鲑鱼捕捞以及将捕捞收益返还村落的做法。当时被揭发的堀之内村留下了以下内容的文件。

　　　　御请书（批准请求书）[1]
　　　　岩船郡大川谷大字堀之内□番地
　　　　大泷与吉
　　　　阿部德次郎
　　　　大泷林藏
　　　　以上人员于昭和三年十一月二十九日在获得固笯渔业的许可之

---

[1]　山北町历史编辑委员会编《山北町史·通史篇》，第 491 页。

下，依照大字的固有惯习参与投标，中标者以中标金额冲抵大字字费，实为无视法规之举。应即刻撤去违法场地并由得许可之人从渔。

为警醒务必注意不要再犯，留此告罪书。

岩船郡大川谷村字堀之内 番地

昭和四年十一月一日 区长 阿部友作

新潟县知事 三松武夫（着重点为引用者加）

在堀之内村，大泷与吉与其他二人获得了"固簗渔业"的许可，但实际上村落却是循着"固有惯习"竞标，由中标者进行捕捞，并且用投标金冲抵了"大字字费"。这一状况，较前述至 1976 年（昭和五十一年）为止大川沿岸村落的状况相比没有丝毫变化。然而在昭和初期，这一行为却是"无视法规之举"，成了不被认可的对象。据当时的告罪书记载，堀之内村的 10 位村民设置了 15 个固簗，获得许可的人数为三人，从实际情况看这实在有些离谱。获得许可的人少，而实际开展捕鱼的人多。

之所以堀之内村发生了这样的违规行为，想必是因为将渔场加以细分招标，村落就能获得更高的收益。进一步说，它还表明很多民众有进行鲑鱼捕捞的愿望。如果按照行政规定，那么固簗之间必须要留出很大的间隔，而村落附近的河川水域面积是有限的，当然能放置固簗的场所数量也受到了限制。

在前文提及的 1893 年（明治二十六年）修订的《渔业监管规则》中，关于固簗的间隔规定为"应间隔约三十间（约 55 米：引用者注）以上"，而到了这时，这一规定变得愈发严格。揭发事件之后，经由各村落的区长确认，规定固簗渔场宽 20 间（约 36 米），而各个渔场的间隔为 60 间（约 110 米）。这一时期对固簗之间间隔的要求是明治中期的两倍。虽然这其中能看出官方鉴于固簗的巨大伤害力，要对其施以适当管理从而实现"资源保护"的意图，但如此严格的规定，在现实中是无法在鲑鱼渔民之间达成一致意见的。堀之内的渔场不足 500 米，如果按照规定，当然只能由三人放置三个固筱进行鲑鱼捕捞。这样一来，不仅民众们想要捕捞鲑鱼的愿望得不到满足，村落的收益也会减少。这一时期的规定，虽然是理想化的资源保护政策的延伸，但它与现实中村落的存在方式有着巨大的背离。因此可以说它不具有实效性和实现的可能性。

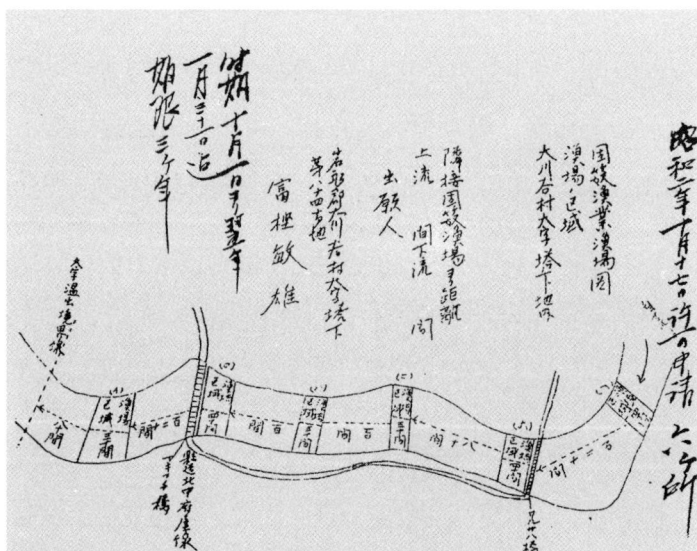

图21　1927年（昭和二年）塔下村申请设置固筱许可的草图，其中各个渔场的间隔都事无巨细地做了标注

确实，当时的堀之内村村民们在告罪书中写下"今后绝不再犯"的誓言，并祈求宽大处理，但这一誓言的遵守情况却值得怀疑。实际上直到1976年（昭和五十一年）为止，大川沿岸的所有村落都还在广泛沿用着堀之内村之前被告发的方式。此外，在大川的收益不再返还村落之后，尽管有来自政府行政的压力，但是村落还是延续了以村落为单位的渔场管理。

从明治到现在，大川乡的人们一直备受近代国家要求的摆布，与此同时，面对不时推行的政策，他们也在思考自己的对策。这些对策复杂多样，有时是盲从，有时又是强硬地阳奉阴违。如此这般，大川鲑鱼捕捞的地域特征最终得以保存至今。

● 近代共有资源的特点

前文详细讨论了大川鲑鱼捕捞的近代性变迁。一言以蔽之，近代时期的大川鲑鱼捕捞，可以说是当地的传统性价值与外来的近代性价值之间相持不下的抗争。而作为孕育共有性资源的共有资源，河川也在这种抗争磨合中完成了转变。近代并没有完全凌驾于其上，前近代也没有完全实现对它的支配，大川的实体呈现出近代与前近代相互纠缠的样貌。

将外来的近代化方式引入此地并推而广之的是明治政府（包括地方政府）的新型国家权力。而为了应对权力下纷至沓来的施政，大川乡的人们需要严阵以待、切实地斟酌对策。在近世时期，支配权力并未对大川多加干涉，因而当地的"共同体经营型鲑鱼捕捞"得以延续下来。维持这一时期共有资源的关键，在于调节多个共同体（聚落）之间的利害关系、用当地的方式解决频发不断的相互倾轧和各种纠葛。

然而到了近代，牵扯到支配权力的现实状况发生了极大的变化。明治新政府的改革拥有极高的渗透性，甚至触及了这个偏僻之地。各式新潮的价值观及规则蜂拥而至，所以这一时期的关键作为就在于做好应对的同时，如何维护作为在地共有资源的鲑川的运营。

具体来说，便是接受诸如"公益"以及连带的"繁殖""增殖"等"资源保护"的新潮概念，并加以他们自己的解释以谋划对策。推行人工孵化、设置禁渔区等积极引进近代化技术、知识的方式便是一例。如果没有这样的应对措施，那么以固箴为代表的这一传统捕捞方式或许就会面临断绝的危机。国家的触手伸到僻壤之地，甚至开展了对地方上不值一提的"原始渔业"的详细调查，并做出了负面评价。

权力一方为了追求更进一步的"资源保护"，继续整顿统一渔业运营的渔业工会组合。当然，大川乡的人们也会相应地制定对策，同时他们也有自己不能退让的底线，那就是作为共有资源的鲑川。他们为了保住鲑川，明里暗里都在努力争取。最后采用了渔场的内部运营，虽然有时被认为是违规的，但这才是对村落来说鲑川的现实状态。对大川乡的民众来说，相比起"资源保护"思想背后有资于国家的福利即"公益"，有资于实际共同生活的人们的福利即"共益"才更为真切，是更加优先考虑的事情。这可以说是一种生活的逻辑。即便国家推行的政策和想法更具"可持续"性，或者说是一种有利于将来扩大生产的利用和管理体制，民众依旧没有选择或者说无法选择它。因此我们可以说，近代和近世一样，共有资源的维持与自然环境以及自然资源的"可持续"性之间并不一定有直接的联系性。

进入明治时期之后，或许是苦于应对支配权力，这一时期的文书和记载并未如近世一般充斥着各村落之间的纠葛、倾轧、相互敌对和争斗。为了应对近代化，河川沿岸的维系只能变得比近世更加紧密，迫使他们更加紧密联结在一起的正是国家等外部力量。然而同近世一样，这一时期之后的大川也一直保持着村落的共有资源及地域的共有资源的这一多重性（套匣构造）。可以说这是为了适应地域逻辑之外的国家逻辑的结果。经由与国家产生的联系，大川的共有资源成为了更为紧密的主体性共有资源及地方性共有资源。法律法规这一外部的规则与内部的惯习规约相混合，有时也强化了共有资源。

如前文所述，从国家这一权力角度来说，作为共有资源更为紧密的、原理性的存在方式，即鲑川收益用于对村落的返还，这在近代得到了公认。其中建立在"公益"思想下的利益返还，在这时有可能被转换为适于共有性世界的"共益"。将鲑川的收益捐献给学校的这一想法，与将鲑川收益捐献给村落的想法，两者并没有太大的差别。

甚至我们无须列举诸如入会权的解体之类的例子，明治期以后的近代国家，并不喜好共有性方式。比起共有资源这样的共有性世界，他们认为与中央集权制国家相关联的公的世界更有价值，对它的构建满怀热忱。

　　然而，通过共有资源的大川这一案例，我们可以发现它的共有性的性格似乎并不会单纯地被国家政策削弱或是改变。反而，与国家的愿景相反，它还起到了强化共有性世界并将其进一步精细化的作用。反过来说，近代国家政策本身则因为以近世的村落共有性世界为传播路径，反而得以渗透得更加迅速和到位。

　　如今，我们不能单纯只向各地现存的日本共有资源寻求近代以前浓厚的共同体结合，也不应该认为存在着纯粹不变的日本式共有资源。我们必须认识到一点，那就是包括海面排他性渔场的使用以及山林入会等在内的日本的共有资源，都是在明治期以后的近代化过程中初见雏形，是近代与前近代"相互纠缠的实体"（entangled objects）。[1]

---

[1]　　Thomas, Nicholas, *Entangled Objects,* Harvard University Press, Cambridge, 1991.

第六章

共有资源在当下的变迁

鲑鱼对渔民来说，仿佛是某种奖杯

第一节　共有资源中找寻乐趣的人们

● 曾经面临消亡的传统

　　我们按照近世到近代的历史顺序，考察了大川乡共有性的特征。大川乡传统的捕鱼技术以及渔场使用的惯习，近世受到地方领主的影响，近代则是在地方政府和国家等外部力量的影响下，延续着当地的村落渔场管理，即共有资源的逻辑。其中包含着村落的共有资源以及地域的共有资源的双重属性，并且二者的相对强弱转换根据社会状况的变化而持续变化着。这种共有资源之所以具有持续性，是因为其所提供的收益，对于个人乃至社会都极其重要。因此人们才会为了维护共有性世界而煞费苦心。维持大川乡共有资源的原动力，正是与维持生活有直接联系的经济性动机。

　　然而，如今的大川有些状况仅仅凭借这种经济性动机已经无法做出解释。大川还留存着传统的捕鱼方法。在大川乡这一共有资源体系中，固笯一直为人们所利用，从17世纪初算起已经持续了三百余年。此外，以聚落为单位的渔场管理也延续至今。但是说实话，如今的鲑鱼捕捞，对于渔民们来说已经失去了那种特殊的经济魅力，甚至可以说从经济上考量是折本买卖。而且1977年以后，鲑川投标的收益也不再返还给村落。到了80年代初，鲑鱼捕捞以及支撑着这一活动的共有资源，在社会、经济方面的重要性也在下降，这种古老的技术以及社会制度能够继续下来的理由，已经很难简单地理解。这种古老的捕鱼方法以及社会制度，为什么在80年代以后依旧得以延续下来，其原因应该是存在于社会性、经济性之外的层面。

　　传统的捕鱼方法以及共有资源能够持续至今，确实是令人意外的结果。之所以这样说，是因为这一传统的鲑鱼捕捞在 20 年前就已经面临着消亡的命运。

承前所述，大川传统的鲑鱼捕捞方法，落后于现代捕鱼技术的发展，其得以保留下来与近代水产行政是有关联的。日本国内每一条河川的鲑鱼捕捞都同样受到来自行政的水产资源保护法的管理。没有都道府县长官的特别捕捞许可，禁止对逆流而上的鲑鱼进行捕捞。河川的鲑鱼捕捞主要以鲑鱼的再生产[1]为目的，由国家及国家委托的各机构负责。也就是说，河川的鲑鱼捕捞，其目的在于确保鲑鱼鱼卵的数量，并不在于捕捞成鱼本身。尽管也会出售取精、取卵后的成鱼，但是其经济价值与沿岸用放置的渔网直接捕捞上来的鲑鱼相比相差很大。因此现在河川的鲑鱼捕捞，很难借助鲑鱼本身来保持其经济上的独立性。而且大川不具有鲑鱼的贩卖途径，其鲑鱼捕捞依靠的是国家针对放流的鱼苗尾数提供的每尾几日元的补贴以及渔协成员缴纳的费用等。

当然，水产行政方面掌握着补助金的发放权、鲑鱼捕捞的许可权，对于在河川从事捕捞鲑鱼的人们来说，这是不能无视的。国家和地方为了扩大鲑鱼资源，推行了更加有效的捕鱼方法，提高放生数量。由于这项政策与补助金的多少挂钩，因此许多河川纷纷响应，将当地的传统捕鱼方法替换成更加大型高效的捕鱼方法。这种被称作一揽子捕鱼的大型、集中捕捞方法有许多优点，比如能够将逆流而上的鲑鱼一条不落地捕获上来，而且由于渔场集中，劳动力投入少，偷钓的风险也降低了。并且便于对捕获的鱼进行管理和机械化操作。

这种一揽子捕鱼的潮流，在 20 世纪 80 年代也波及了大川。20 世纪 70 年代，新潟县内许多河川逐渐开始使用更加有效的捕鱼方法，大川乡也加入其中。行政以"指导"为名义，向下级地方施压，20 世纪80 年代前期，这种方式基本上被普及接受下来。

由于大川的鲑鱼捕捞是个人行为，所以我们很难对每个鲑鱼渔民的

---

[1] 人工孵化。

捕鱼数量进行把握。并且由于规模小，很难将洄游的鲑鱼一网打尽，鱼苗的生产数量也较少。而且由于捕鱼方法效率低下，捕捞需要投入的人力也大。由于这些原因，国家必然要求当地转为使用一揽子捕鱼方法，渔协也开始认真地思考对策。

在大川乡南边的峡谷间，流淌着胜木川，这里同属渔协管理，当地很早就开展了一揽子捕鱼方法，对其功效也十分了解。但是在大川由于有许多人对此表示反对，所以这一转换开始得较晚。然而，在1979年2月24日召开的鲑鳟部门会议上，运营委员会提交了报告，决定以1985年为最后期限实施一揽子捕鱼法，以此为契机，大川乡传统捕鱼方法的消亡也已经是板上钉钉的事了。顺便一提，当时的议案上明确记载着"一揽子捕鱼事业的目标年份为昭和六十年"。

20世纪80年代初期，鲑鱼捕捞仍在继续，此时一揽子捕捞化可以说已经是不可逆转的时代趋势，拒绝改变基本上已经不可能。然而许多鲑鱼渔民为固疋几年后就要消亡而感到悲伤，对新方法也表示出强烈的排斥。许多渔民表示如果推进一揽子捕鱼法，他们就会放弃继续捕鱼。甚至有人说在推行一揽子捕鱼后要完全脱离渔协，放弃捕捞鲑鱼的权力，其人数也不在少数。

与从前不同，此时鲑鱼捕捞已经不再具有金钱上的意义。在自家食物消费中，鲑鱼所占比例也没有那么高了。从经济的角度考虑，是否能从事鲑鱼捕捞已经不是生死攸关的问题。大川乡的人们不需要靠捕捞鲑鱼赚大钱，因此也没有提高产量的必要性。既然如此，如果亲自与鲑鱼对峙这种直接捕捞的"快乐"被剥夺了，他们也就失去了将鲑鱼捕捞继续下去的动机。由于这种想法占据了主要地位，结果，以1985年为期的一揽子捕鱼计划被搁置，传统的捕鱼方法得以传承至今。

● 享受人际交往

当鲑鱼捕捞作为一种维持生计的劳作方式时，改用像一揽子捕鱼这种高效的捕鱼方法以扩大生产，这绝不是没有意义的。不如说有行政做靠山，进行转换时自己投入的资金也会变少，这种状况对于大川乡的人们来说无疑是有利的。然而，这种以经济性、提高效率为目的的方法并没有被大川乡的人们所接受，也没有把他们联系在一起。不如说，20世纪80年代初期"乐趣"这个与现实社会脱节的词语，才是将人们联结在一起继续捕鱼的动力。那么，大川的鲑鱼捕捞是怎样让人感到充满乐趣的呢？

大川鲑鱼捕捞的"乐趣"，首先在于人与人之间通过鲑鱼建立的人际交往。

这种交往的功能在于它是附加在日常交往，例如渔民之间、家族亲属、村落内的人们以及同事之间交往之外的一种形式。进行鲑鱼捕捞的人们之间频繁进行着与鲑鱼捕捞相关的交流以及以互赠捕捞到的鲑鱼为媒介的交流。

渔民们进行交流的场所是建立在河岸边上的捕鱼用简易小屋——固笯小屋。这种通过简易小屋生活进行的交往，成为许多渔民的"快乐"源泉。在鲑鱼捕捞的旺季，热心捕鱼的人们就住在捕鱼用简易小屋中。捕捞鲑鱼的渔民们会在自己的承包区设置多个固笯和简易固笯，并放置诱饵。一天之中会巡视多次，以确认是否有鲑鱼入网。鲑鱼一般是清晨和晚上天黑时刻逆流而上，但是在旺季随时都有可能洄游上来，所以必须要经常去渔场查看。此时捕鱼用简易小屋就成为了歇脚点。

这种简易小屋从前也叫行者小屋，是将杉树等圆木组合起来，使用稻草覆盖，每到捕鱼期，渔民们就会在各自的承包区附近新建自己的捕鱼用小屋。20世纪80年代初期，人们开始用废弃材料制作方形的结实小屋，使其不能轻易移动。它的使用年限在8—10年，过后还可以通过维护继续使用。每个固笯小屋都有建造它的"主人"，每年捕鱼的地点变化了，"主人"就会借用他人的固笯小屋，也会把自己的小屋出借出去。还有人拥有两到三个小屋。

这种小屋的借用关系并不要求等价回报。在渔民们的交往过程中，这种借用被看作是理所当然的事情，也是一种亲密的象征，被认为是令人愉快的事情。

除此以外，鲑鱼的互赠也是一种确认这种亲密关系的手段。如前所述，囤子捕鱼逐渐成为大川乡鲑鱼捕捞的主要方式，鲑鱼的交换也成为渔民之间加深交往的引子。用这种方式捕捞到的鲑鱼精力旺盛，可以随时以备交换。而如果使用钩子等带刺的工具捕钓就会伤害到鱼，鱼马上就会死掉。最初的第一条鱼自不必说，之后囤子不够用时，渔民们也可以拜托其他人帮忙，就能拿到有活力的鲑鱼。此时并不需要支付什么明确的代价，只是一种模糊的借贷关系。自己需要时也可以理所应当地向其他人借用，而其他人必要的时候也会自然地向他人提供。

之前提到大川乡的鲑鱼捕捞是个人行为，但是这种个人行为并不是排他性、闭锁性的。的确，人们必须严格遵守地界的划分，只能在自己的承包区内捕鱼，但是在捕鱼生活中，人们会进行许多积极的交往。可以认为正由于是个人的捕鱼活动，所以才能够视那种配合为一种亲密关系的证明。

● 建构人与人之间相互关系的平台

从捕鱼小屋生活的亲密交往中可以看出，屋子的借用关系以及捕到的鲑鱼的赠送关系都是人与人亲密关系的象征。20 世纪 80 年代初期，捕捞鲑鱼的渔民们并不局限于自己的小屋和承包区内，他们之间频繁地走动。可以说，白天除了进行自己渔场的维护，更多是去往他人的小屋聚集。实际上，很多渔民会在小屋与小屋之间来回踱步，一方面是为了了解鲑鱼洄游情况以及他人捕鱼状况的一种情报收集和交换，另一方面也利于人们进行闲聊乃至更广泛的对话。尽管普通的村落生活中已经包含有面对面的交流，但是捕鱼小屋的生活更加强化了交流的深度与广度。作为与人交往的平台，捕鱼小屋的生活让渔民们倍感愉悦。

在这种交流的场合，酒是不可或缺的。捕鱼小屋中常备着酒水，来访的人总之要先喝上一杯。因此，即使是不从事鲑川捕捞的人有事要去拜访别人的小屋时，也经常会带上被称为"惠比寿酒神之酒"的日本酒。固筊小屋铺着榻榻米，有两三张面积的大小。入口部分有一张榻榻米大小的屋檐突出出去，用于保管柴火、工具等。屋子中间，以柴火炉子代替地炉用来做饭。墙壁上装有橱子，里面放着调味料、捕鱼的工具、煤油灯、蜡烛等等，再往里走放着被子、衣服以及几瓶酒。上方摆着神龛，供奉着保佑渔业丰收的渔业神——惠比寿大人的神像。捕鱼旺季的时候，因为白天、黑夜都能捕到鲑鱼，渔民们需要二十四小时住在捕鱼小屋里，因此这里的生活用品十分齐全。那段时间里，傍晚有的渔民家里会有人将晚饭、早饭或食材带过去，渔民们在屋里自己做饭吃。鲑鱼腌制品是常备的食品，经常在固筊小屋的餐桌酒宴上登场。

除了日常往来的酒宴以外，捕获到大量鱼的时候渔民也会庆祝丰收，举办酒宴。这种时候渔民们一定会做一种火锅料理。在小屋的柴火炉子上放一口大锅，里面的水煮沸后按顺序加入牛蒡、胡萝卜、魔芋、白菜、葱等等，加入味噌调味，放入切成大段的鲑鱼肉。吃的时候要把鱼肉先捞出来，放到之前加入的蔬菜上面。这是固筊小屋中最高级的料理，用以招待客人。

捕鱼小屋搭建了渔民亲密交往、建立人际关系的平台。这种人际关系并不向外扩展成员，而是在固定成员内巩固亲密度的关系。人们不止在鲑鱼捕捞中，在山活、农活等其他生产组织或者信仰组织、社会组织中都可以找到这种乐趣。

从鲑鱼捕捞中诞生的亲密交往，不止局限于渔民之间，还可以通过鲑鱼的馈赠向不进行鲑鱼捕捞的人群敞开。

我们调查了渔民一个捕鱼季的捕鱼收获及其使用情况，实际上赠予或者用来款待他人的部分占了鲑鱼总量的百分之四十。由于这个数据是捕捞到鱼当时的使用情况，鲑鱼在腌制保存后还有可能再次馈赠他人，因此可以认为有将近一半的鲑鱼被赠送给他人。多半是送给一起进行鲑鱼捕捞的伙伴，用作引子，此外其他有交集的人，比如亲戚朋友、同事等也在馈赠的范围内。

大川乡鲑鱼捕捞的特征是小规模、个体性，因此捕捞到的每一条鲑鱼都会引发强烈关注。与其他进行大规模捕鱼的地区相比，大川乡人对于何时何地、捕捞到多大的鲑鱼的记忆更加鲜明。有的地区采用的捕鱼方法可以一次捕捞成百上千条鱼，人们对于每一条鱼的关注就不那么强，也很难留下印象。而且集体性捕捞方式捕捞到的鱼只能是集体所有，因此"这是我的鲑鱼"的意识自然十分淡薄，而在大川乡，每一条鱼都是渔民亲手捕捞上来的，这种意识尤为强烈。

大川乡的渔民们互赠鲑鱼的意义也正在于此。因为是自己捕获的鱼，这种赠送才有意义。与买来送人的鱼意义完全不同，渔民们也不会买鱼送人。鲑鱼相当于捕鱼能手的勋章，能传递一种细微的自豪感。收到的人也要回礼，赠送对方供奉惠比寿神的日本酒，寄意"祝你捕鱼丰收"，而这酒又可以在渔民聚会时享用。在鲑鱼捕捞作为维持生计十分关键的时期应该也存在着这种赠答行为，而在其经济意义降低的20世纪80年代以后，这种行为更是发展成为鲑鱼捕捞的一大乐趣，与大川乡鲑鱼捕捞的延续有很大关系。鲑鱼捕捞能够带给人们创造亲密交往的机会，人们享受这种活动。而大川的共有资源正是为渔民们搭建了这种交流与感受乐趣的平台。

● 围绕鲑鱼捕捞的一系列竞争

如果我们只关注渔民们基于鲑鱼捕捞之上的乐趣，我们自然只会看到他们之间和谐的一面。然而渔民们并非如此单纯，也不是老好人。在亲和性的背后，他们间有着很强烈的竞争性。对于渔民们来说，正是这种竞争性，使得传统的鲑鱼捕捞愈发具有魅力。

大川乡的传统捕鱼方法表现为小规模、个体性，其机制本身就具有很强的竞争性。虽然在捕鱼过程中合作是不可或缺的，并且他们也认识到合作的价值，也为此不遗余力，但是这种合作也只能是以竞争性机制为前提的合作。无论他们的交往有多么密切，他们还是会十分介意其他渔民伙伴捕鱼数量的多寡，当然这种多寡不同于收益的多寡，并且向着更高捕鱼数量的目标迈进。20 世纪 80 年代初期，这种通过鲑鱼捕捞而产生的人与人之间的竞争，要比和睦交往更加使他们感受到乐趣。

　　如上所述，如今渔民捕捞的"战利品"是用来展示他们"战绩"的勋章，但是最终的捕鱼成绩则由渔协公布。这是因为为了管理采卵数量，渔协需要对捕鱼的数量进行汇总。于是，每个村落的渔协总代表就奔走于各村落的渔民之间，统计他们每个人捕鱼的数量，再将其报告给渔协。如此一来，村落中渔民捕鱼数量的高低排行就一目了然了。虽然渔民们不至于为了这个排行而眼红拼命，但是排名越高还是着实能够带来些许的荣誉感。因为这是对鲑鱼捕捞渔民的技术巧拙、熟练与否的评价，并覆盖到大川沿岸全部流域，所以对渔民来说是不可忽视的。

　　即便没有渔协发布的信息，关于谁捕到了多少鱼这样的消息，也会在渔民们保持着频繁亲密交往的捕鱼小屋生活中很快传递出去。"昨晚，某某某在这里那里捕到了多少什么形状的鱼"这样的消息，在 24 小时之内就会在众多渔民中广为传播。甚至，"很多鱼从下游开始洄游""下游有条大个的鱼漏网了"之类的消息在上游各村落间也极为敏感，听到这些消息的渔民会马上赶到自家渔场巡视。因此，原本是对捕鱼数量的强烈关注，因为受到这样的消息传播的影响，他们还会谈论关于每一条鱼的来历等等。

　　例如，"这条大鱼是下游的某某某发现的，又洄游到了某某某的'地盘'上，某某某在捕捞时致其受伤。这个伤口就是那时候留下的"等，被捕获的鲑鱼身上会被附加这样的故事。先不论其正确与否，捕捞鲑鱼的渔民们都会洋洋得意地讲述自己"猎物"的来历。"捕到了很多鱼""捕到了大鱼"等这样的消息以外，还有很多消息。例如捕获到了拥有更加复杂来历的鱼，即渔民间传遍了的"通缉犯"的那条鱼。这种消息更易于传播，并令渔民们赞不绝口。这时，目击证人或者是没捕到鱼的人，会津津有味地讨论鱼的来历，或者为渔民同伴积极地提供"证词"。各种各样的消息传播流布，有助于煽动渔民们的竞争心理。

● 享受竞争

围绕大川乡鲑鱼捕捞的一系列竞争，在捕鱼开始之前就已经拉开大幕了。或者说，在真正开展鲑鱼捕捞以前，竞争性表现得最为淋漓尽致，即渔民们各自确认自己的渔场，也就是说从投标的那个时候就开始了。

各个村落为了确保向渔协缴纳管理费，也为了使渔场分配不留后患，他们一致认为投标这个方式是大川乡最易于接受的渔场分配方式。20 世纪 80 年代初期，这种投标方式延续了下来。但是从县水产行政的视角来看，这种投标分配方式与一揽子捕鱼法都是大川乡鲑鱼捕捞中应该予以改善的问题。他们不承认投标这种依然从属于各村落的管理形态，主张应该由渔协进行统一的渔场管理。渔场的使用权，准确地说是鲑鱼捕捞的许可权等都委托给渔协由他们进行管理，否定了以前沿袭下来的村落归属意识。

但是那时对于大川渔民来说，寻找不到除投标之外更合适的渔场分配方式。各个村落划分的"捕鱼片区"，其下再细分的"承包区"，这是他们传统的鲑鱼捕捞法得以存续的生命线。要想进行固箥捕鱼、简易固箥捕鱼、诱饵捕鱼等这种小规模个人的捕鱼，就必须明确保障渔场范围，并且要广为社会认可，确保其不受侵犯。假如在任何地方都可以自由捕鱼，人们必然会向更好的渔场聚集，并且向下游集中，如此一来实际上就会造成不可收拾的局面，这一点是显而易见的。

渔民们也商讨过通过抽签来进行分配的渔协管理分配方式，但是由于渔民们对于自己所有的"承包区"有着很深的羁绊，因此无论抽签是一种多么平等的分配方式，也并不为他们所接受。说到底，抽签完全是听天由命，不像通过自己的喜好来选择自己看中的承包区那样，能够反映出自己的器量。因此这种方法很难被认可与接受。这种无法反映出自己努力的渔场获得途径，与一揽子捕鱼法并无二致，必然导致渔民们丧失继续捕鱼的动力。

大家之所以坚持这种投标的方式，是因为承包区的好坏很大程度上影响着捕鱼活动，说得更直接一些，就是选择承包区时就已经在一定程度上决定了渔业发展的好坏。并且每年对承包区的甄选，也被视为他们进行鲑鱼捕捞竞争、衡量各自技术的很重要的一环。因此，关于"哪里的承包区，由谁拿下了"这样的消息，与捕到了鲑鱼这样的消息同样会在渔民中间瞬间传播。与制造好的渔钩、制造易于鲑鱼靠近的固筌或者简易固筌等这种实际捕捞活动中的技术同样的，在此之前选择渔场的技术也被认为左右着捕捞活动的发展。这种想法为投标赋予了积极的意义。不过，这种技术作为竞争性存在的基础，并不能完全决定捕捞的结果，这种不确定性，恰恰又为大川乡的鲑鱼捕捞赋予了更多乐趣。[1]

第二节　不断变化中的现代共有资源

● 共有资源承载者主体的演变

在大川流域，流传着这样的说法——"如果遇到渔民，千万不能说天气真好"。所谓渔民，就是指大川流域从事鲑鱼捕捞的人。一般来说，秋冬季节下雨之后河川水量增加，这时鲑鱼会大量洄游。因此，如果你说"天气真好啊"这样的话，就会使渔民们勃然大怒。

捕捞鲑鱼的渔民有着山里人的性格，表现为不灵活性以及靠不住。但与此相对，他们也有顽固有气节的一面。通常被认为是有着男子汉气

---

[1]　菅丰《深度游》，筱原徹编《现代民俗学的视点 1　民俗的技术》，朝仓书店，1998 年。

概的特殊气质的一群人。如果发生妨碍鲑鱼捕捞的事情，他们就会团结起来。同样在平时的鲑鱼捕捞中，他们也有很强的竞争心理，彼此反目的事情也并不少见，就是具有这样的两面性。渔民们这种合作与竞争的两面性正是受到大川乡传统渔业的影响而形成的。

以前，对于佃农作为渔民开始从事鲑鱼捕捞一事，借贷给他们土地的地主大人就会吓唬他们说："米饭、咸菜也吃不上。"在地主看来，吃上饭都已经是很不容易的事情了，从事鲑鱼捕捞这么不稳定的劳作，是不被看好的。更多是基于现实的看法，认为有那个闲工夫的话，还不如外出打工。从古至今，鲑鱼捕捞就被视为是一种"不务正业"的活动。

可见传统渔业本来就具备了这种"乐趣"——抑或说"嬉戏性"的要素，只不过现在由于其所处的社会条件的变化而愈发得以显现。传统渔业并没有发生根本性的变化，只是随着其作为经济活动的意义逐渐变淡，这种"乐趣性"更加凸显，仅此而已。这并不是以继承传统为目的、人为进行的向"嬉戏性"的转变，而是在每年渔业的不停反复中自然发生的变化。

20 世纪 80 年代初期，大川乡的鲑鱼捕捞并没有演变成一种与工作和劳动相对的、闲暇的概念。在大川捕捞鲑鱼的人们，绝对不会认可鲑鱼捕捞是一种闲暇的概念，并且会因为这种说法而感到不快。更不允许把他们与工作闲暇时去钓鱼消遣的都市人相提并论。究其原因，是因为那时渔民们的心中还背负着曾经依靠捕捞鲑鱼糊口度日的历史印记，还留存着鲑鱼捕捞的权利对于村落和生活于此的他们来说是一种宝贵财富的意识。而且因为传统渔业具有很强的传承性，在过去经济意义很重要的那个时期，关于共有资源的记忆也一并传承了下来。

其次，渔民们还从事着像人工孵化鲑鱼这样具有社会性的活动，着眼于他们的这种使命感，也不能把这种活动单纯地定义为一种"嬉戏"。他们对于自己承担着社会重要工作的这种自负与自信，对于他们对渔业的继承来说也是不可或缺的。但是从 20 世纪 80 年代初期开始，那种渗透着渔民们感受与情感的社会性意义以及过去的记忆，也在不断地淡化。

● 鲑鱼捕捞的生存危机

山北町地处日本山坡丘陵地带，同其他农村一样面临着稀疏化、老龄化、少子化的现代课题。在这样的社会环境下，从事鲑鱼捕捞的继承人，同时也是将大川作为共有资源利用的继承人的数量在显著减少。

1984 年（昭和五十九年）的时候，大川沿岸九个村落的鲑鳟部成员总计有 128 人。而到了 1996 年（平成八年），就减少到了 78 人。鲑鳟部成员的数量竟然减少了近百分之四十。80 年代支撑着鲑鱼捕捞的那些中流砥柱的渔民，大部分已经隐退。现在从事鲑鱼捕捞的渔民，大多是 80 年代以后完成新旧交替的一群人。

这种鲑鱼捕捞责任主体的量与质的激烈变化，当然也影响到了鲑鱼捕捞的运营。同时，作为在数百年的漫长岁月中不断变化并被继承下来的共有资源，大川也受到了不小的影响。如今，作为共有资源的大川正在经历巨变。

鲑鳟部成员，也就是支撑着鲑鱼捕捞并且对共有资源加以利用的成员数量的减少，使得各村落负担的上缴渔协的管理费难以确保。渔协为了维继原有的鲑鱼捕捞事业，又不能减少各村落负担的管理费。但是由于各村落负担管理费的成员数量减少，就使得每人的负担金额急剧增加。由此鲑鳟部成员更加不满，人数进一步减少，由此陷入恶性循环。不得已，大川乡的人们想尽各种办法以促进鲑鱼捕捞的开展。

例如 1989 年（平成元年）3 月，山北町村委会筹划制订了观光开发基本企划，决定以 1995 年度为目标建设完善"固笯渔业广场"，旨在发展固笯捕鱼观光。此外，大川渔协为了配合山北町观光事业的开展，从 1993 年开始连续几年计划并实施了"固笯祭"活动，集聚了山北町之外的民众，让他们也参与到固笯捕捞的亲密接触中来。但是这些努力并没有取得十足的成效，现在已经叫停。

　　为了克服鲑鱼捕捞存续的危机，大川渔民们做出了一个重大的决定，那就是不得不重启于 20 世纪 80 年代一度废止了的一揽子捕鱼法。与以前不同的是，这次是从当地内部兴起的。他们认真探讨了关于放弃以村落为单位的利用形态的事宜，也就是说放弃将大川作为聚落共有资源的存在方式。

　　山北町町长和渔协召开了"鲑鱼资源恳谈会"，提议采用一揽子捕鱼法、在部分渔期内开放固簗捕鱼等事项。1994 年 5 月 20 日，鲑鳟部门进行了关于一揽子捕鱼法的问卷调查。根据调查结果，为提高鲑鱼的生产效率，他们决定部分采取一揽子捕鱼法，并错开时期进行固簗捕鱼。

　　但是，这个计划也中途废止了。究其原因，是因为原本支持一揽子捕鱼法的水产行政方面突然改变了想法。以前，行政方面致力于孵化鱼苗和增加放流数，但当时，基于他们认为鲑鱼的资源量已经得以确保，再加上财政困难，于是决定对鲑鳟鱼增殖事业予以重新审视，进行了政策性大调整。由于行政改革对已有事业做出的重新调整，鲑鳟鱼增殖事业由原本的政府扶助、地方贯彻的方式，转变为当地独立核算的经营方式。1995 年 9 月 1 日，新潟县召开了"1995 年度鲑鳟鱼增殖实务者恳谈会"。在会上，新潟县方面表示，将削减政府给予的鲑鱼增殖的相关预算，并提出了一些之前不曾考虑过的方法。例如——适当减少用于自然增殖的维持费用，继续维持贩卖鱼卵和成鱼的增殖事业。因此对于没有销路，又没有巨额独立资本的大川渔协来说，就不得不中止了这一斥资巨大的一揽子捕鱼法方案。

　　在这之中，大川乡的人们并不只是袖手旁观。经历了从近世到近代漫长的几百年，面对不同时期出现的不同问题，他们都在试图克服，并谋划了各种各样的对策。

● 扩大化的共有资源领域

　　首先，他们决定扩大共有资源的领域。简单来说，他们一致同意将以前惯习中涉及鲑鱼捕捞的区域范围，从大川下游的九个聚落扩大到上游聚落。

固筊和简易固筊并不会阻挡河水的流动。基于此，直至现在下游的九个聚落也不可能捕尽洄游的所有鲑鱼。总会有一些鱼能游过位于最上游的岩石村和塔下村，并继续洄游。但是上游村落的人却被禁止捕捞鲑鱼。他们没有捕捞资格，其捕捞行为亦被视为非法。即使看到鲑鱼的身影，除了垂涎欲滴却也无能为力，尽管偶尔也会有人不满足于仅仅看着。

面临鲑鳟部门的成员减少这一严重事态，站在渔协和九个聚落的立场，只能是舍卒保车。为此，他们采用了允许上游聚落加入鲑鳟部门的方案，目的是借此增加部门成员的人数。

1994年，即平成六年，九个聚落所属的共有资源领域得以扩大。当时塔下村上游一个叫荒川口的聚落加入了鲑鳟部门，部门成员人数新增加两名。此后成员人数渐渐增加，现在即2003年度，新加入的成员中荒川口有两名、上游中转口有一名、岩石上游的小俣村有三名，总计六名。现在鲑鳟部门成员有八十名，通过扩大共有资源的领域，成员的人数得以维持。

必须注意的是，这种共有资源领域的扩大，从历史上看，并非是不同寻常的事情。如之前所述，近世初期，大川乡的前身"府屋组"就已经开展了鲑鱼捕捞活动。当时的鲑鱼捕捞由"组中一统海川共入会"商议决定。那时，成员除了大川下游的九个聚落以外，还包括海滨部的中滨村（现为中滨），和最近新加入鲑鳟部门的荒川口村（现为荒川口）以及未加入的朴平村（现为朴平）。因此准确地说，荒川口是在历经百年之后恢复了鲑鱼捕捞。可见共有资源的领域具有可塑性，能够随着时代和社会状况的变化而不断变化。

而且，还有一点必须注意，鲑鳟部门的扩大对各个村的共有资源并没有产生任何影响。新加入的上游聚落的村民，只被允许在自己的聚落内进行鲑鱼捕捞。虽说是扩大了共有资源的领域，但也只是扩大了多重地域的共有资源，并不否认各个聚落的共有资源。下游的九个聚落和以往相同，继续保持自己聚落领域的共有资源只为自己所用，这真是巧妙的做法。

第三节　共有资源该何去何从？

● 放弃聚落共有资源

为应对鲑鱼捕捞人数减少的问题，渔协扩大了地域的共有资源领域。但问题并没有这么简单。

各个聚落都在根据自己的不同情况调整聚落整体的共有资源。这对于具有数百年历史的共有资源的大川来说，是一个重大转机。

首先，是堀之内村。如第四章"近世下共有资源的演变"中所述，18 世纪中期至末期，堀之内村与上游的大谷泽村之间围绕鲑川引发了 10 年之久的河川之争，为了确保鲑川的所属，堀之内村甚至对大谷泽村的民众大打出手。并且在第五章"共有资源与近代国家"中，也记录了昭和初期，渔业监管督察员在入内检查时，堀之内村被发现有违法捕捞行为，就是这样一个"热衷"于鲑鱼捕捞的聚落。那就让我们来看看堀之内村是如何改变以捕捞鲑鱼为中心的聚落共有资源的吧。

20 世纪 90 年代中期，堀之内村因为后继人手不足、渔民的老龄化问题而陷入了小部分人难以负担鲑鱼捕捞经费的窘境。和其他村落相比，堀之内村的情形尤其窘困。从事鲑鱼捕捞的人越来越少，投标时人数也凑不起来。即使有些渔民不是受到经济利益驱动，而仅仅凭借兴趣爱好捕鱼，他们的人数也已经少到无法支撑运营。当然，向村落征收的管理费也很难落实。在这样的状况下，即使是投标这一曾经有效的办法，现在也完全发挥不出效力。参加投标的人数已经低于村子划定的八个承包区的数量，而且投标金额也可以预见不可能会大幅提升。

处于这种状况之下，堀之内村终于做了决断，即允许让其他村落的渔民在堀之内的捕捞区域内进行捕捞。也就是说，改变了数百年来大川所延续的、自己村落前的河川只允许自己使用的规定。这当然是一个痛苦的选择。堀之内的村民虽然不情愿，但也找不到更好的办法。1997年（平成九年），只有两人参加了投标，自然是无力负担村落分摊的40万9 700日元的管理费。因此，堀之内村捕捞区域河岸的一侧归这二位中标，并由他们支付一半即20万日元左右的管理费。然后，剩下的管理费则由使用对面河川沿岸的邻村，即府屋村、大谷泽村承担。

但是仅凭堀之内一个村的决定，是不能改变规定的。其他的聚落坚持"自己聚落的渔场，只允许住在本村的居民使用"这一大川的整体规定，并要求中止这一措施。那一年，投标了堀之内村捕捞区域内"承包区"的外村渔民，被要求向堀之内村村民交纳"杂费"，以此方式等同于堀之内村村民，外村渔民为此苦不堪言。但是，这一迫不得已的手段并不具备正当性。最后，大家不得不进一步考虑新的方案。但在当时，剩下来可供选择的也只有一个办法了。那就是堀之内村停止捕捞鲑鱼，也就是说，放弃作为聚落共有资源的河川。

最后，堀之内村的村民们决定放弃依照惯习规定、由聚落对鲑鱼渔场进行排他性使用的权力。第二年的1998年，堀之内村中已经完全是少数派的鲑鳟部门成员，[1] 在村民集会中对继续经营鲑鱼捕捞面临的困难情况进行了说明，希望村民同意他们放弃使用权。谈话进行得意外顺利，1998年以后，聚落同意放弃鲑川管理权。作为交换，堀之内村不再负担管理费。

另一方面，对于其他聚落来说，堀之内遇到的问题确实棘手。虽然大川乡的村民们曾经解决过因参与鲑鱼捕捞而引发的纠纷，但他们还

---

[1]　全村共54户，其中只有4户是鲑鳟部门会员。

是第一次遇到放弃鲑鱼捕捞权利这种史无前例的情况。就此，包括堀之内村在内，所有渔协组织中的聚落代表共同召开了运营委员会进行商议。有人提出将堀之内村的捕捞区域划为禁捕区，作为鱼类自然产卵的场所，也有人提出反对意见，认为如果像这样不利用河川的话，非法私自捕捞的行为反而会增加，河川则会因此一片混乱。上游的人认为如果将下游作为自然产卵场所的话，鲑鱼就会在此集中而不再洄游到上游村落。最终，将堀之内村作为自然产卵场所的建议被驳回。充分商议后，他们想出了新的方法，也就是由渔协接管渔场。

投标制度依然不变，只是主办方变更为大川的渔协组织。因此，招标所得的收益也全部归渔协所有。当然，也有可能出现堀之内村缴纳的管理费用不足的情况。总之无论哪个村，只要是鳟鲑部门成员都能够参与投标。堀之内村仅有的少数鳟鲑部门成员也可以参与。当然，其他村落的渔协代表中，也有人因为不满堀之内的退出，强烈坚持既然堀之内村放弃了对渔场的管理权，就不应该允许他们参与鲑鱼捕捞。但最后还是协商通过，只要他们是鳟鲑部门成员，就允许他们参与策划。而对于由渔协接管渔场之事，据说为了防止堀之内村后续再主张对自己区域的捕捞权，渔协会长让渔协的聚落代表以及聚落的总代表都上交了同意书。

渔协组织的投标安排在所有聚落河川划分的数日之后。塔下村的河川划分在 8 月 7 日，其他村落是 15 日。渔协进行投标时会对堀之内村之前划定的八个"承包区"分别确定好各自的最低投标价格。这个价格不对外公开，如果达不到这个价格就认定为交易失败，需要重新进行投标。

现在的情况是，渔协对渔场管理得非常好。投标进展得也很顺利，渔协收入的金额超过了之前堀之内村规定缴纳的管理费数额。这是因为在所有聚落的河川划分之后，有些渔民没能在自己聚落内部中标"承包区"，还有一些位于堀之内上游、不具备作为渔场条件的聚落的渔民，他们也积极参与了投标。顺便一提，2003 年投标时，全部的八个"承包区"中，大谷泽、岩石村中标了两个"承包区"，府屋、温出、塔下、荒川口各自中标了一个"承包区"。除去府屋中标的一个"承包区"，其他中标的都是上游聚落的渔民。堀之内村的鲑鳟部门有一位成员参与了投标，但却没有中标。并且第一和第八个"承包区"每年都被堀之内村上游附近大谷泽村的人投标中得。这是代表大谷泽村获得的渔场。从近世到20世纪80年代，关于堀之内和大谷泽两个聚落边界线的划分都相当认真、慎重，甚至到了一种神经质的程度。虽说堀之内的村民们对于眼前的问题所采取的措施也是无奈之举，但确实也给人们一种恍若隔世之感。

● 从共有资源中发现新价值

接下来，我们来看看堀之内村上游附近的大谷泽村是如何应对的。大谷泽村在堀之内村退出以后，毫无争议地得以将渔场扩大到下游的堀之内村内部。那么，大谷泽村为什么一定要将堀之内村的"承包区"的一部分据为己有，其必要性是什么呢？难道大谷泽村的情况与堀之内村有所不同，他们的渔民不降反升吗？其实，大谷泽村也在围绕聚落的共有资源进行着彻底全面的改造。

大谷泽村已经不再组织投标了。大谷泽村总共有29户人家，其中有10位是鲑鳟部门成员，大部分都是20世纪80年代以后从事鲑鱼捕捞的渔民。而在90年代中期以前，是他们的上一代人在从事鲑鱼捕捞。他们采取的正是在"共有性资源：作为共有资源的河川"一章中提到的投标方式。但是伴随着上一代人逐渐老龄化，并且人数也在减少，他们和现在从事鲑鱼捕捞的年轻一代人之间产生了一些意见上的分歧。上一代人希望以投标这种传统方法，通过竞争方式确保"承包区"的归属。对此，现在一代的渔民们表示反对，他们认为这样下去参加投标的鲑鳟部门成员的人数会减少，也难以保证管理费的足额上缴。最后年轻一代人的意见被采纳，上一代人退出，新的方案被确立了下来。所有这些都说明，一直以来以投标和"承包区"分割为代表的支撑村落共有资源的管理制度的终结。

8月15日，是大谷泽村进行河川分配的日子，想参与当年鲑鱼捕捞的人们都会聚集到公民馆。以前在公民馆是进行投标，现在只是确认参加者人数和当年由渔协征收的管理费金额。管理费根据想参加鲑鱼捕捞的人数按照人头均分。直到20世纪90年代初，在投标开始前，全体渔民还会一同前去"承包区"查看并确认边界，但是因为现在已经不再进行"承包区"划分，所以也没有这一必要了。

不进行"承包区"划分意味着缴纳管理费的渔民可以随时随地在大谷泽村的任意"渔场区"内进行鲑鱼捕捞。这一消息让那些面对志在必得的"承包区"而在投标时非常激动的渔民们感到震惊。前面已经说过，每个"承包区"有好有坏，对于哪里是优质"承包区"这一问题，鲑鱼渔民们早已达成了共识。如果随处都能进行鲑鱼捕捞的话，可以想象渔民们必然都会聚集在优质"承包区"内，情况会变得一发不可收拾。但是这种情况并没有发生。

因为大谷泽村的渔民们制定了新的规则。第一，大家共同制作放置在河川中的简易固籫等装置。率先捕到鱼的人为赢家，他可以在任何区域进行鲑鱼捕捞。只要是空闲渔场，随时都可以进行鲑鱼捕捞。一般来说，捕获的鲑鱼属于捕鱼的渔民。但是一定要记录清楚是谁、何时、带走了多少尾鱼，数量差距较大的时候，尾数多的人要匀给尾数少的人。尤其是捕获到7千克以上大鱼的时候，要求按照顺序分配给每位成员。此外在渔期最后，由渔协下发的用于采卵的成鱼补助金[1]将作为当年全体渔民的共同资产统一留存，不再进行分配。

在这种规则基础上，大谷泽村的渔民们一团和气地继续开展鲑鱼捕捞。过去，渔民们在鲑鱼捕捞的各个方面都相互竞争，现如今他们却能够如此亲近交往，其最大原因就是，相较于其他聚落的渔民们，大谷

---

[1]　雌鱼为每尾500—1 000日元，雄鱼为100日元。

泽村的渔民们相对年轻化。例如2003年虽然有7名鲑鳟部门的成员参加了鲑鱼捕捞，但其中有6名是在职的木匠、公司职员等。因此他们能够捕鱼的时间仅限于早晨、傍晚以及休息日。几乎所有的人都是在工作间隙将其作为闲暇的娱乐进行鲑鱼捕捞。虽然他们每人缴纳5万日元的人头费，但是没有人从鲑鱼捕捞中获得直接的现金收入。可见相较于以前，鲑鱼捕捞中内在的"乐趣"部分变得更加鲜明、更加显著了。

以前在各个渔场由每个渔民制作的固笯小屋现在也变为由大家共同制作一个小屋。这使得固笯小屋变身为渔民们聚集聊天的场所，大家经常聚在一起喝上一杯。酒钱则从作为共同资产的成鱼补贴金中支出，小屋里喝酒与鲑鱼捕捞是连环式"乐趣"。

除了支付小屋中的饮食之外，成鱼补贴金还用于休闲旅行等。渔期结束后，与妻子结伴到附近的温泉旅行。据说这是对平日总是向他们抱怨"打着鲑鱼捕捞的幌子消遣娱乐"的妻子们进行赔罪。也因此，妻子们最近也开始对鲑鱼捕捞表现出理解。为了进一步扩大各种各样的"乐趣"，大谷泽村的人们更加珍视被堀之内村放弃的"承包区"。

前面已经说过，以前就存在这种围绕鲑鱼捕捞的亲密交往，这是鲑鱼捕捞得以延续的重要因素。在此我想指出，现在的"乐趣"和20年前的"乐趣"在存在状态上发生了很大的改变。80年代，几乎所有的渔民都会在隆冬时节的渔场昼夜捕鱼并且渔期中在小屋过夜，通过这样的方式获得隐藏在鲑鱼捕捞内的直接的"乐趣"。与之相对，如今鲑鱼捕捞附带的外在"乐趣"的比重比以前增加了。

● 多样化的共有资源

近几年，其他的聚落也或多或少地改变了聚落中共有资源的利用方式。如今，只有岩石村依然采用传统的投标方式进行"承包区"的划分，但是那里仅有5名鲑鳟部门的成员，其前景也令人担忧。此外，岩石村的下游村落迟乡和杉平原本就不太具备成为渔场的条件，如今鲑鳟部门成员中已经没有来自迟乡的渔民，仅剩的一名来自杉平的鲑鳟部门成员同时使用着杉平、迟乡的"承包区"。因为"承包区"条件不好、征收的管理费较少，所以即便是一个人也可以负担得起。

虽然温出、岩崎、塔下不必担心鲑鳟部门的人手问题，但是同样对聚落管理渔场的方式感到力不从心。在温出，希望从事鲑鱼捕捞的人数不断减少。由于参与投标的人数太少，所以投标的方式也被弃用了。因此温出的人们只能结合要缴纳的管理费金额，斟酌各个"承包区"的优劣情况，对各"承包区"进行定价。然后经鲑鳟部门的成员协商，决定各自的渔场范围，确定上缴费用。实现了从投标到协商的方式转变。因此据说也有人是因为受别人委托而不得不同意负责某一"承包区"。对此也有人感到担心，如果长此以往，温出也会像堀之内一样走上末路。

然而府屋的情况则截然不同。如今希望从事鲑鱼捕捞的人数仍不断增加。这是因为府屋靠近河口位置，"渔场区"很长。由于鲑鱼是从下游溯流而上的洄游性鱼类，所以这里对于鲑鱼捕捞而言是优质"渔场区"。参考大川的鲑鱼捕获量可知，1990—1996 年这七年间，大川共捕获鲑鱼 21 219 尾，其中府屋捕获的有 11 944 尾，占到总数的 56%。换言之，大川一半以上的鲑鱼都是在府屋捕获的。因此府屋的渔民们可以据此大致估算出每年的鲑鱼捕获量。据说在采卵结束后，有人还通过出售盐渍鱼子等产品获利。渔协进行的采卵活动在达到要求孵化数量后就会宣告终止，那之后捕获到的鲑鱼则不需要再提供给采卵机构。也就是说，可以将昂贵的盐渍鱼子作为私有物出售。近年来，因为溯流而上的鲑鱼数量在大川呈现上升趋势，所以仅就府屋而言，这种经济上的优势在不断扩大。

府屋地理条件优越，这种经济诱因使得参加 2003 年度河川分配的人数增加，"承包区"数量也由 18 个增加到 20 个。即使这样，渔民们的需求仍然无法得到满足。在这种鲑鱼捕捞的盛况下，虽然可以继续沿用之前的投标方式，但是府屋的人们早在几年前就已经停止了那种方式，而改用抽签的方式了。

在府屋，投标的热情原本就十分高涨，可以募集到足够多的投标金，以至于其他聚落都纷纷表示羡慕。一般来说，府屋每年要缴纳大约100万日元的管理费，而募集到的投标费高达500万日元。而管理费只需缴纳预先规定好的金额即可。若是在以前，即鲑川作为聚落收益进行返还的时候，结余的近400万日元都会充抵自治会费以及平分给聚落成员，但是那种体系早在30多年前就消失了。如今已经不能再进行那样的分配了。因此在府屋，结余的投标费就会按照投标时的金额比例返还给中标的渔民。这样一来，投标就失去了原有的意义。所以就改为提前判断"承包区"的优劣并为其定价，然后以抽签的方式最终确定主人。抽中一个"承包区"后，就不能再参与其他"承包区"的抽签。"承包区"的分配完全取决于上天的安排。

过去，一些元老级的渔民们十分热衷于鲑鱼捕捞并常年从事这一活动，他们很擅长要花招，经常会获得好几个优质的"承包区"，导致有些人一无所获。这种投标的技术也被认为是鲑鱼捕捞的技能之一。另外，虽然大家很享受投标时的这种较量，但现如今这种方法已经无法适应现实情况。因此这一地区现在主要以在鲑鱼捕捞中实现"公平"为宗旨。

● 共有资源意义的演变

承前所述，与以前相比，如今在大川进行的投标和"承包区"划分等利用、管理鲑川的方式在不断发生变化。过去数百年来，各聚落的渔场作为聚落的财产和共有资源，是不可侵犯的，如今除了府屋等一部分地区外，那种共有性的管理与利用意识在不断减弱。

状况发生变化的首要原因在于，所谓的经济优势所占比例不断降低。其次，即便没有经济诱因，与作为补偿的直接性"乐趣"的丧失、鲑鱼渔民的性情以及他们所处环境的改变也都有很大的关系。

此外，20世纪70年代对聚落进行直接利益返还的做法的消失也被认为是原因之一。原本70年代的动向是以渔业行政为主体，否定渔场的聚落归属这种传统惯习的存在方式，并试图对其进行改变。结果导致原本作为聚落自治运营费得以共同有效利用的鲑川的收益，强行从聚落手中剥夺，对于聚落的人们而言，失去了其作为财产的意义，当然人们对鲑川的关注度就要降低，从事鲑川活动的人们数量不断减少。当然这其中也包括由老龄化、稀疏化、少子化带来的后继者不足的问题，加之新加入鲑鳟部门成员数量的减少以及经济优势的减弱，使得其运营开始背离聚落组织，由此导致了渔民对大川的疏远。

当然，即使在20世纪70年代停止对聚落的利益返还以后，大川乡的人们也并没有改变对鲑川聚落属性的认知。鲑川作为聚落财产的过去记忆和守护鲑川的强烈意识一直支撑着他们。但是随着时间的推移，那种记忆和意识也在不断减弱，最终在同一个聚落里形成了鲑川相关人员和鲑川无关人员的边界。此外，即使是鲑川相关人员，他们对鲑川与聚落或者地域之间关联性的意识也变得淡化。鲑川已经从隶属于聚落及地域的存在，演变为了隶属于渔协鲑鳟部门个人成员所有，发生了实质性的变化。

当然，大川作为一种与鲑鱼捕捞相关、至今仍被共同管理的共有资源，这一事实并未改变。只是围绕鲑鱼的共有资源被鲑鳟部门、个人这一特定的行为主体所利用、管理、独占。其结果就是，大川逐渐背离聚落这一以往共有资源的管理母体。大川作为共有资源，过去归属于聚落这样的地缘组织，并受其管理和运营，但如今大川归属于渔协这一近代性组织，并受其管理和运营。自然，从事鲑鱼捕捞的人们和不从事这一活动的人们对于大川的认识也就有所不同了。

从古至今，并非所有大川乡的人们都可以通过鲑鱼捕捞自由利用作为共有资源的大川。由于渔场数量有限，所以有限的资源分配通过投标的方式进行，也因此共有资源的直接受益者仅限于特定的行为主体。但是通过向聚落返还投标金、在聚落正式成员之间^[1]进行平等分配等间接的利益分配方式，即使是不从事鲑鱼捕捞以及无法从事鲑鱼捕捞的人们也能获得若干利益，享受到一部分大川资源。这就是"共益"。于是大家能够生发出对鲑鱼捕捞的"共鸣"。

过去通过"共益"，鲑鱼捕捞和鲑川被赋予了"共"的价值，形成了排他性利用河川的正当性。鲑川被"大家"所认可和支持。

---

[1]　并不是所有的居民。

第七章

结语：河川归属"大家"所有

● 作为共有资源的大川何以能够持续至今？

最后，我想总结一下作为共有资源的大川的特征。

第一，边界。如前所述，从近世中期到目前为止长达250多年的漫长时间里，在大川乡，作为共有资源的大川一直都设有严格的边界，那也是作为社会基础的村与村之间的边界。不仅如此，聚落内部还设定并划分了"承包区"的范围，它与村与村之间的边界一样受到保护，不可侵犯。并且在近世时期，家庭作为生活和生计的单位也已经具备了明显的界限。这个基本单位也是拥有利用鲑鱼资源权利的单位。

第二，规则。围绕鲑鱼捕捞，大川就利用的时间、场所、技术等问题制定了明确的使用规则，并从近世一直沿用至今。很久以前，从18世纪中期的《明和协议书》开始，到明治的《鲑川议定》《岩船郡三面川外四川渔业组合中山熊田川·雷川沿村渔民规定细则》《鲑鱼渔业契约书》等都结合各个时期的地区状况制定了相应的规则并不断做出调整。不仅规定了渔期和渔场，还对允许使用的捕鱼方法等做出了规定，比如废除了定刺网这种虽然高效却伤害性大的技术。规则的形成和演变既有结合地区条件内发产生的，也有为满足统治者的要求而促成的。明治时期，政府颁布了多次通告来改变相关制度。围绕共有资源的规则变更就是由这种外部力量的刺激引发的。只是不管这种外部力量多么强势，大川乡的人们都不会一味盲从。他们灵活运用妥协和不妥协的方式，通过与地区的惯习规则进行磨合，将共有体系持续至今。

第三，维持规则的中坚力量。大川乡的民众可以在自己所在村落参与制定和修订共有资源的利用规则。这保持了形式上的平等性。此外各个聚落如同具有人格主体性一般，在流域中也平等地[1]进行商议，共同参与地区共有资源利用规则的制定与修订。

---

[1] 这种情况下，形式的平等性与实质的平等性混杂在一起。

第四，共有资源的监督体系。鲑川的渔民们自然而然地承担起了监督共有资源大川及其使用者的职责。对于非法捕鱼行为导致渔民们应得份额减少，他们总是不遗余力地迅速做出反应。另外为了保护自己的渔场，对于可能造成河川水质污染的道路和水渠施工，他们都会非常机敏地应对。不下大雨但河水却变浑浊的时候，渔民们会手握大刀立刻冲到上游查看情况。出乎意料他们还发挥了"河川监督者"的作用。如今大川能够有条不紊地持续至今，与这些人的存在不无关系。

但是我们必须提醒注意，那并不是出于所谓守护大川这种自然保护的目的，而是出于以现实使用为前提的自然保护的理念与目的，即借此让自己可以捕获更多的鲑鱼资源。对于大川而言，虽然鲑鱼捕捞这种获取共有资源的活动看似与河川这一共有资源体系的保护相互关联，但那仅仅是偶然的资源保护，以大川的情况为例，我们不是要强调"共有资源有助于环境的可持续发展"这一优点，而是要认识到大川"有助于人与人之间关系的可持续发展，最终实现了环境保护的效果"，这种认识与前面提到的对近世共有资源的分析一样。仅就大川而言，共有资源首先是人们的生活保障体系，继而才是作为环境和资源的保护体系。

第五，制裁。大川乡建立了对违反共有资源使用规则的人加以制裁的机制。因为没有制裁机制就难以确保共有资源维护的实效性，所以面向所有人强制实施这一规则的制裁机制是必要的。只是河川作为共有资源，与其相关的规定中，与制裁措施相关联的直接、具体的文字记载首次出现是在明治初期制定的《鲑川议定》中。

当然，这并不是说在近世没有设立强制推行的规则。（实际上）当时的强制性规范不只是面向河川，而是适用于聚落全体生活。若不遵守这些规范，不仅不能参与鲑鱼捕捞，甚至难以在这聚落、地区生活下去。虽然这些规则对于村民们来说是像"常识"一样静态存在的，可是从大川乡的发展历史来看，无论何时都有可能出现违反"常识"的状况。即共有资源并非是稳定存续的，它往往是在贯彻规则与违反规则的对抗中被继承下来的。可以说，正是这种没有规则就难以维持下去的不安定状况催生了牢固的共有资源体系。

第六，解决纷争的手段。大川乡从近世开始就已经存在回避或解决"冲突、摩擦、仇视、争斗"等纷争的机制，其中也包含前述的制裁措施。当村子中发生纠纷时，可通过村民集会商议解决；当村子之间发生纠纷时，可由当地有权威的人出面调停；难以解决时，可向代官所提起诉讼，尝试在乡镇拘留所私了。若是无论如何都解决不了的情况，便可根据近世程序化的普通裁判制度交由地区统治者直接裁决。由于事情闹大后会受到很重的惩罚，所以尽可能地在村子或地区内部进行调解的解决方式就成了惯例。当然正如我们已经提到的，大川乡也发生过超出共有资源纷争解决机制的情况。此外，我们不能无视共有资源与赋予其正当性的权力（如统治者和统治机关）之间的关系。这也与我们将要讲的第七点有关。

第七，维护共有资源的主体。大川乡进行鲑鱼捕捞的渔民们自己制定了作为共有资源存在的大川的制度。在近世，外部的统治者等并未大量介入。这在某种层面上是一种偶然。日本许多河川鲑鱼渔业都受到来自外部统治者的侵害而丧失了共有性。而在大川乡，由于其统治体制在近世不断发生变化，统治者难以施行持续性政策，且由于河川短小、离都市较远，所以市场经济对鲑鱼捕捞的影响也较弱。从这些地势特征我们可以探究出大川作为共有资源得以维持下来的原因。

然而，大川的共有性并非是由当地居民完全自律自立进行管理的。如前所述，在近世遵守规范的最终强制力是通过外部权力保留下来的，而且支撑共有资源的聚落母体自身也是作为统治者进行租税缴付、户籍调查、解决诉讼等的统治系统生成并得以强化的。而且在明治时期，通过接受"公益"一词所代表的外部统治机构的价值观念，大川乡的鲑鱼捕捞获得了正当性。如此看来，我们可以认为大川的共有资源建立在外部统治机构和内部自治机构巧妙平衡的基础之上。外部的适度介入有可能对共有资源的产生、维持起到积极效果。

第八，共有资源的多重性。大川不仅是聚落的共有资源，也是地域的共有资源，所以大川无疑是多重的套匣式构造。此外，进行鲑鱼捕捞的个人和国家也作为另一层次存在于这一多重结构之中。个人（家族）、聚落、地域（流域）、国家分别从各自所属的层面介入鲑鱼渔业的管理、运营和其他活动。利害关系不同的各层相互牵制，织就了鲑鱼渔业的整体面貌。这种多重性构造是当地民众在自律经营数百年的生活中自然而然创造出来的，不单纯属于任何一个层次。只有这样才能牵制或抑制资源的所有权、使用权及获取程度。这一点在近世大川的纷争中表现得十分明显。鲑川渔民们不能仅凭自身私欲进行捕捞，聚落的共有资源也不能仅凭聚落自身的逻辑来运营。这对于遏制资源独占、过度使用等资源利用中常会发生的利己主义问题成效显著。

● 河川是共有物

那么，让我们回到本书引言中提到的新中川。

在那之后，新中川为了避免对河岸用地的无序利用，做了各种各样的努力。2002年（平成十四年）清除违法占地的骚乱过后，东京都河岸用地作为苜蓿田进行了重新维护。在那里举行防灾训练，河岸用地摇身一变成为了地区居民的新广场。此外为了有效利用江户川区的河岸用地，东京都在次年的一月六日基于《综合占用许可制度》批准了两万平方米的河岸用地占用许可。

《综合占用许可制度》是基于地方分权和河岸用地有效利用的观点创设的，是市区政府依据都市计划等基本方针制定的占用地具体使用计划。根据此计划获得占有许可之后就可以决定河岸用地的具体使用方式。《综合占用许可制度》最大的优点就是对市民生活来说，通过将河岸用地的使用裁定权转移至身边市区，可以更便捷地听取市民的心声。河岸用地的利用方式也能更充分地反映市民的意见。

江户川区没有对河岸用地进行维护，而是选择将其当作广场开放使用。东京都和江户川区率先成立了协商会，引导地区居民讨论河岸用地的有效利用，并从 2003 年开始，设立了"新中川日"，这也成为了周边居民考虑如何更好利用新中川的一个契机。当地中小学、地区团体等 3 500 多名附近居民参加了该节日，并举行了划艇、赛龙舟、拔河等丰富多彩的活动。[1]江户川区区立鹿骨小学的 110 名三、四年级学生在此开辟了一块花田。每到秋天，大波斯菊缤纷盛开，赏心悦目。此外，同区的区立上一色小学与地区协作，将其作为人工环境营造试验场所，开设了"生活科·综合·理科学习园"，用于实施环境教育。[2]

比起从前将河川用栅栏围起来禁止出入的保护方法，上述这些积极与河川构建联系的尝试更为有益。可以说这也是生成良好的共有资源的尝试。

虽然现在河岸的利用活动还是由政府强力主导的，但是今后这些活动能否继续进行则与当地居民能否基于内生性动机参与策划密切相关。这一点在大川等传统共有资源的发展历程中一目了然。地区居民必须从自身利益出发，将河川改变为自己考虑、自己管理的地方。

要使新中川作为良好的共有资源得以维持下去，必须克服的问题堆积如山，例如参与策划的当事人的适应性、排他性、规则、强制力、领域性等。如若新中川作为共有资源得以进一步完善，那必将会给人际关系淡薄的都市社会带来例如新型的人际交往、关系网、甚至是信赖这种社交资本等副产品。良好的共有资源的构建暗含着创造出崭新的共同体的巨大可能性。

目前，大川需要为"大家"所有。当然这里的"大家"指的是对河川的利用、守护、维护等具有责任感的人们。要使河川成为上述富有责任感的"大家"的资源，就需要在社会中确立富有责任感的主体。

---

[1] 参照东京都第五事务所网站。http://www.kensetsu.metro.tokyo.jp/goken/topics/sinnaka-festa/sinnaka-festa.html。

[2] 参照江户川区区立上一色小学网站。http://academic2.plala.or.jp/edo67s/tokusyoku/。

后　记

　　共有资源（commons）——本书的关键词，可能还是一个不太为人熟知的词汇，尤其是在历史学和民俗学科中，几乎无人知晓。但实际上这一词汇在 20 世纪 80 年代以后，在蓬勃发展的资源和环境管理相关的跨学科以及全球化讨论中已经被频繁使用。说它是从自然学科跨越到人文、社会学科的现代环境学的关键词也不为过。

　　虽然现在共有资源的概念表现出扩大的趋势，越来越多地吸纳广泛的含义与对象，但在本书中我对其的定义为"由多个主体共同使用、管理的资源以及共同管理、利用的制度"。我认为这一定义即使放在持续了三十多年的共有资源论中也是毫无违和感的正统定义。从资源的使用、所有和管理层面来说，共有资源介于国家和政府承担的"公"的纬度和个人承担的"私"的纬度中间的"共"的纬度之上。例如日本的聚落这种传统性地域社会就是"共"的纬度的一个体现。对于"共"的关注是共有资源论的最大特征。

　　在本书中，我旨在对日本共有资源的形态进行历史学的、民俗志的详细探讨。由于从前历史学者和民俗学者几乎未曾参与日本的共有资源讨论，所以也几乎没有基于基础史料对近世以来共有资源的生成和变迁相关的历史性活力的细致研究。在这一方面，我可以自负地说，本书对一个"狭小"地域上持续了三百多年的共有资源的生成和变迁进行了微观上的描绘，并取得了一定成果。虽然毫无疑问我描绘出的历史面貌只是作为我的对象的一个"狭小"地域的历史呈现，但是我确信这也是广泛适用于日本各地产生的共有资源的历史面貌。"私"与"私"的纠葛催生了作为协调体系的"共"的诞生。且这种"共"的系统与国家和统治者的"公"紧密相关，不断地变化形态并逐渐成型。可以说"公""共""私"相互对抗、相互牵制的状况是最为接近共有资源生成与变迁事实的历史面貌。

今后，我想把这种从共有资源的历史中学到的智慧应用到现代社会。"人们为了'共同'生存下去做了怎样的努力？""社会如何掌控个人的利己的、反社会的行为？""怎样的社会规约得以延续下来？"回答这些围绕共有资源的疑问将会给创造未来的共有资源提供有益的参考。"共"的价值不仅仅在于理解当今聚落这种传统的地域社会，还在于我们对新的共同体的营造。共有资源论正是民俗学可以为现代社会贡献力量的一个重大课题。

在这 20 多年时间里，我得到了本书的田野所在地——山北町大川乡民众的诸多关照。虽然有的人已经去世，但是我仍然想将这本书献给我所遇见的大川乡的所有民众。大川乡既是我研究的出发点，可能也是我研究的终点。今后我会一如既往地关注作为共有资源的大川的未来。

在本书出版之际，承蒙吉川弘文馆的大岩由明先生、永田伸先生的关照。虽然中途我抽身去美国游学了一年半时间，可是他们仍然记挂着本书，对此我表示衷心感谢。最后，请允许我在文末向我的妻子文子、女儿佑奈及桃子表示感谢，她们在我日日专注研究、难以照顾家庭之时坚强隐忍，给予了我极大的鼓励。谢谢。

2005 年 10 月　菅丰

引用与参考文献

（按照日语假名拼写顺序排列）

秋道智彌《コモンズの人類学》，人文書院，2004 年。

Feeny, David, et al. "The Tragedy of Commons: Twenty-Two Years Later", *Human Ecology* 18-1, 1990.

羽原又吉《日本近代漁業経済史》上，岩波書店，1957 年。

Hardin, Garrett, "The Tragedy of Commons", *Science* 162, 1968.

羽柴雄輔《竪穴に等しき小屋に属したる漁業》，《東京人類学会雑誌》29，东京人类学会，1888 年。

細野清次郎《新潟県管内水産小学》，小林二郎（精華堂藏版），1886 年。

犬塚幹士《最上川水系の鮭漁と用具》，《民具マンスリー》15-5，神奈川大学，1982 年。

井上真《コモンズの思想を求めて》，岩波書店，2004 年。

井上真、宮内泰介编《コモンズの社会学》，新曜社，2001 年。

河原田盛美《水産小学》，石川治兵卫，1882 年。

小松隆二《公益とは何か》，论创社，2004 年。

松原新之助《北越河漁調査報告》，公友舍，1892 年。

松下高、高山謙治《鮭鱒聚苑》，水产社，1942 年。

民俗学研究所编《総合日本民俗語彙》，平凡社，1955 年。

村上奉一编《水産博覧会独案内》，村上奉一，1883 年。

室田武、坂上雅治、三俣学、泉留維《環境経済学の新世紀》，中央経済社，2003 年。

室田武、三俣学《入会林野とコモンズ》，日本评论社，2004 年。

農商務省農務局《水産博覧会出品者心得》（农商务省农务局提示：本书基于农商务省农务局编制的《水産博覧会報告（事務顛末之部）》的内容）1882（1883 年）。

農商務省農務局《水産博覧会報告（事務顛末之部）》（農商務省農務局），1883 年。

農商務省農務局《水産博覧会第一区第二類出品審査報告》(農商務省農務局),
　　1884 年 a。

農商務省農務局《水産博覧会第三区出品審査報告》(農商務省農務局), 1884 年 b。

農商務省農務局《水産博覧会審査評語(第三部)》(農商務省農務局), 1884 年 c。

農商務省水産局編《日本水産捕採誌》8, 农商务省水产局, 1912 年。

織田完之《水産彙考》, 寅宾楼藏版, 1881 年。

Ostrom, Elinor, *Governing the commons*, Cambridge University Press, Cambridge, 1990.

Ostrom, Elinor, eds., *The Drama of Commons*, National Academy Press, Washington, D.
　　C., 2002.

山北町史編さん委員会編《山北町史・通史編》, 山北町, 1987 年 a。

山北町史編さん委員会編《山北町史・資料編》, 山北町, 1987 年 b。

渋沢敬三《祭魚洞彙考》, 冈书院, 1944 年。

篠原徹《海と山の民俗自然誌》, 吉川弘文館, 1995 年。

須藤和夫《三面川サケ物語》, 朔风社, 1985 年。

菅豊《深い遊び―マイナー・サブシステンスの伝承論―》, 篠原徹編《現代民俗
　　学の視点 1　民俗の技術》, 朝倉書店, 1998 年。

高橋美貴《"資源保全の時代" と水産―19 世紀における資源保全政策の世界的潮
　　流と日本―》,《歴史評論》650, 校仓书房, 2004 年 a。

高橋美貴《近世における "漁政" の展開と資源保全》,《日本史研究》501, 日本
　　史研究会, 2004 年 b。

竹本太郎《明治期における学校林の設置》,《東京大学農学部演習林報告》111,
　　2004 年。

田中正造全集編纂会編《田中正造全集》19, 岩波书店, 1980 年。

Thomas, Nicholas, *Entangled Objects*, Harvard University Press, Cambridge, 1991.

津田真一郎(真道)译《泰西国法論》, 东洋社(开成学校藏版), 1878 年。

筑波大学さんぽく研究会編《山北町の民俗》3, 山北町教育委員会, 1987 年。

○主页

作者主页

http: //www.ioc.u-tokyo.ac.jp/^suga/

東京都第五事務所主页

http: //www.kensetsu.metro.tokyo.jp/goken/topics/fuhokeiyu/fuho-keiyu. html http: //www.kensetsu.metro.tokyo.jp/goken/topics/sinnaka-festa/sinnaka-festa.html

江户川区立上一色小学网站

http: //academic2.plala.or.jp/edo67s/tokusyoku/

年表 大川鲑鱼捕捞的历史

时　　　间	事　　　件
1619（元和五年）	"海川奉行清水与物右卫门·野濑小兵卫"考虑将"鲑海川诸费用"交由组中共同管理 府屋町名叫富樫善七的人担任"海川奉行"一职，负责从大川渔民中收取"高"
1663（宽文三年）	岩石村的府屋组大庄屋佐吉收取"高"
1717（享保二年）	以大川流域为单位汇总缴纳的鲑川管理费改由以每个聚落为单位上缴
1720（享保五年）	杉平村已经缴纳鲑川管理费
1745（延享二年）	堀之内村与大谷泽村发生第一次边界之争（延享的河川之争）
1746（延享三年）	堀之内村与大谷泽村在渔场边界修筑了"界碑"
1748（宽延元年）	为了更加明确边界，在"界碑"处又竖立了柱子
1765（明和二年）	制定了河川使用规则的《明和协议书》，并以此为依据管理渔捞活动
1782（天明二年）	堀之内村与大谷泽村发生第二次边界之争（天明的河川之争）
1796（宽政八年）	岩崎村、府屋町与上游聚落联合之间围绕定刺网产生纷争（宽政的河川之争）
……	定刺网消失
1873（明治六年）	大川乡的民众向政府提出《鲑川渔场租借请愿书》
1875（明治八年）	"海面官有宣言""海面借区制"出台，原有惯习被废止

（续表）

时　　间	事　　　件
1876（明治九年）	"海面借区制"被废止
1878（明治十一年）	向县知事提交《鲑川渔业长存请愿书》，流域实现了"渔业合并" 依据河川使用规则《鲑川议定》的内容，确立了捕捞活动的实施与运营，规定将鲑川的收益用于学校的费用支出（公益的发现）
1880（明治十三年）	依据新潟县甲第 201 号公告《鲑鱼渔业监管规则》，提倡"资源保护"
1881（明治十四年）	将塔下村内"从高濑到土渊"的区域划分为"鲑鱼育卵场"，禁止捕捞活动，从事孵化、鱼苗的培育与保护
1882（明治十五年）	府屋町村也设置了"鲑鱼育卵场"（种川）
1883（明治十六年）	府屋町村与岩崎村宣布与上游 7 个聚落分离进行独立运营 东京举办第一届水产博览会，固笯也参展，遭到恶评
1886（明治十九年）	农商务省发布《渔业组合准则》，要求渔业组合确立组织体系与规约制度
1887（明治二十年）左右	依据《岩船郡三面川外四川渔业组合中山熊田川·雷川沿村渔民规定细则》，大川成立渔业组合
1893（明治二十六年）	新潟县修订《渔业监管规则》，要求必须设置"禁渔场" 大川乡民众签署《鲑鱼渔业契约书》，按照"联合渔业"的运营方式引入"中标"体系，将鲑川收益返还给村落
1901（明治三十四年）	明治政府制定《渔业法》
1923（大正十二年）	塔下村的鲑鱼投标环节在聚落总代表的调度下进行，所得的中标收入除了用于支付秋季祭祀活动开销，其余部分返还到聚落的每一户成员
1928（昭和三年）	塔下村的《村落加入规约》中，明确记载着村落加入成员每个人都拥有加入鲑鱼捕捞的权利
1929（昭和四年）	渔业监管督查员对大川进行了临时检查，堀之内村的投标活动被告发
……	战争期间的混乱之下，鲑鱼的洄游数量减少

（续表）

时　间	事　件
1951（昭和二十六年）	《水产资源保护法》第 313 号规定，立足资源保护的观点禁止对河川的鲑鱼进行捕捞（特别捕捞的开始）
……	继续由聚落对鲑鱼捕捞活动进行管理
1976（昭和五十一年）	山北町大川渔业协同组合成立运转，并于次年完全废止以鲑川收益返还聚落
1979（昭和五十四年）	鲑鳟部门运营委员会传达以 1985 年为最终期限开始实施一揽子捕鱼法（固笯面临消亡的危机）
1985（昭和六十年）	由于受到渔民的反对，一揽子捕鱼法被搁置
1989（平成元年）	山北町制定了观光开发基本企划，确定在 1995 年之前修整"固笯广场"，推进观光化举措（中止）
1993（平成五年）	大川渔协为配合城市的观光活动，谋划实施了"固笯庆典"的节日活动（几年后中止）
1994（平成六年）	再度通过决定，在部分地区实施一揽子捕鱼法扩大了鲑鱼捕捞的聚落范围（共有资源的扩大）
1995（平成七年）	在新潟县举办的"1995 年度鲑鱼、鳟鱼增殖实务者恳谈会"上，县政府公开宣布要削减鲑鱼增殖的相关预算（一揽子捕鱼计划再度搁浅）
1998（平成十年）	堀之内村宣布放弃渔场，将管理权转交组合大川面临着渔民后继人手不足以及鲑鱼渔民老龄化问题

图书在版编目(CIP)数据

河川的归属：人与环境的民俗学 /（日）菅丰著；
郭海红译.—上海：中西书局，2020.12
（人文东亚研究丛书）
ISBN 978-7-5475-1789-5

Ⅰ.①河… Ⅱ.①菅… ②郭… Ⅲ.①风俗习惯－研
究－日本 Ⅳ.①K893.13

中国版本图书馆 CIP 数据核字（2020）第 242998 号

河川的归属——人与环境的民俗学

[日] 菅丰 著　郭海红 译

责任编辑	吴志宏
装帧设计	梁业礼

出版发行　上海世纪出版集团
　　　　　中西书局（www.zxpress.com.cn）
地　址　上海市陕西北路 457 号（邮编 200040）
印　刷　上海商务联西印刷有限公司
开　本　700×1000 毫米　1/16
印　张　12.25
字　数　166000
版　次　2020 年 12 月第 1 版　2020 年 12 月第 1 次印刷
书　号　ISBN 978-7-5475-1789-5/K·354
定　价　68.00 元

本书如有质量问题，请与承印厂联系。电话：021-56044193